실크로드 신체문화교류사 7

전통무예, 무용, 유희

총서 7

우즈베키스탄

한국외국어대학교
한국글로벌스포츠건강문화센터

이 논문 또는 저서는 2017년 대한민국 교육부와 한국연구재단의 지원을 받아 수행된 연구임
(NRF-2017S1A5B4055939)

박영사

발간사

이 연구가 주제로 선정한 실크로드의 아시아 7개국이란 한국을 비롯해 바다 건너 일본과 중국, 몽골, 카자흐스탄, 우즈베키스탄, 이란을 가리킨다. 실제로 실크로드 상에는 수많은 나라가 존재해 왔는데, 왜 하필 이 7개국이냐고 질문한다면 아직은 정확한 학술적 근거를 제시하기 어려운 것이 사실이지만, 다음과 같은 관점에서 7개국의 문화교류사에 접근할 수 있을 것이다. 지구상 동서의 문명교류라는 관점에서 실크로드가 역사적으로 인류의 문화발전에 큰 역할을 했다는 점이 많은 연구를 통해 밝혀졌기 때문이다.

실크로드라는 통칭 하에서 초원로와 오아시스로, 해양로의 3대 간선을 포함한 서역 교역로는 인류가 형성해 온 문화, 즉 종교와 철학, 사상, 풍습 등에서 매우 다양한 성질을 지니고 있었지만, 이 교역로를 개척하고 이용한 사람들은 서로 간의 교류를 통해 여러 다원성을 극복하는 수단으로 삼아 인류 역사의 큰 줄기를 형성해 왔다.

오늘날의 우즈베키스탄은 영토는 20세기에 들어와서 하나의 국가로 형성되었는데, 그 이전의 역사는 문명사적으로 정주문명 전통이 그 중심을 차지하고 있지만, 혈통적으로는 중세 이후에 유입된 유목민 집단 가운데 다수가 정주문명에 동화된 형태의 전통문화를 계승하고 있는 국가이다. 즉 과거 중앙아시아 정주문명 공동체의 핵심은 실크로드 교역로의 가장 중간에 위치했던 부하라 칸국이다. 이 부하라 칸국의 영역과 문화유산들은 구소련 체제를 거치면서 2/3는 오늘날의 우즈베키스탄으로, 1/3은 오늘날의 타지키스탄으로 갈라졌다. 이러한 배경으로 인해 중앙아시아 정주문명 공동체의 전통문화 유산의 대부분은 우즈베키스탄의 전통문화에 대한 조사와 분석을 통해서 파악할 수 있다. 특히 우즈베키스탄 지역은 중앙아시아 정주문명의 중심지역으로 고대부터 동서간 교역의 중심지였기 때문에 인접한 강대 세력들의 연속적인 침략과 정복을 겪어왔지만, 정주공동체라는 문명사적인 기반 위에 서로 다른 외래 정주문명들이 합쳐져 공동체로 발전해 왔다.

이러한 민족적 배경을 토대로 이 책에서는 인류 탄생과 더불어 지속되었던 시민들의 투쟁기술, 또는 생활상을 적나라하게 보여주는 신체문화로서 계승, 발전되어 온 우즈벡의 전통무예와 무용, 그리고 유희에 관해 심도 있게 연구하여 정리하였다. 지금까지 아쉽게도 인간의 본능에서 발현되는 우즈벡 민족의 신체활동 영역(전통무예, 무용, 유희)에 관한 연구는 아직도 걸음마 단계에 머물러 있다.

다행하게도 본 연구소는 한국학술진흥재단의 기초학문을 육성하는 토대연구사업의 인문사회분야 지원사업에 선정되어 5년간(2017－2022) 실크로드를 통한 아시아 7개국의 전통무예, 무용, 그리고 유희로 나누어 신체문화와 관련된 문화사적 연구를 진행하게 되었다. 이 연구를 진행함에 있어서 전체를 아우르는 1권과 각 국가의 전통신체문화 7권, 그리고 이 7개국의 신체문화를 총망라한 교류사 부분 1권으로 구성하여 단행본으로 출판하게 된 일곱 번째 책으로 우즈베키스탄의 전통신체문화를 밀도 있게 다룬 책이다.

이 연구의 가장 중요한 의의를 꼽는다면, '신체활동을 매개체로 한 주변 민족과의 문화교류 현상'을 밝히는 것이다. 이 연구에서는 사회를 구성하는 각 개인의 신체를 매개체로 한 전통무예와 무용, 그리고 유희 종목으로 나누어 국가(민족)별로 그것들의 역사적 탄생 및 변용과 발전과정 등의 민족적 다양성과 연계성을 조사하여 분석함으로써 인간의 신체활동과 관련된 문화적 지식의 폭을 넓히고 확장하여 전통무예, 전통무용, 전통놀이의 교류적 문화사를 재현할 수 있다고 판단하였던 것이다.

이 책은 일반 대중을 위해 평이한 수준으로 쉽게 기술하고자 하였고, 다양한 사진과 그림 자료를 첨부하려고 노력하였으나 저작권에 문제가 발생할 수 있기에 더 많은 사료들을 분석하고 해석한 내용을 제시하지 못한 아쉬움이 있다. 또 연구

도중에 세계적으로 유행한 코로나19의 여파로 각 지역을 방문해 다양한 자료를 수집하는 데 어려움을 겪었으나 그러한 역경을 이겨내고 연구자들 나름의 결과물을 제시하게 된 것을 다행이라고 생각한다. 따라서 이 책이 향후 실크로드로 연결된 우즈벡 민족의 전통신체문화와 한국을 비롯한 여러 민족의 전통신체문화와의 전파 및 교류라는 관점을 포함한 다양한 논의의 지평을 더욱 확장하는 계기가 되는 데 기여하기를 바란다. 덧붙여서 이 책이 인류의 전통신체문화와 관련된 교육자료로 다양하게 활용됨으로써 후학들의 관심과 흥미를 불러일으키는 데 기여하기를 기대한다.

기초학문 발전을 위한 한국연구재단의 재정적 지원과 격려에 고마움을 전한다. 공동 연구와 집필에 참여한 각 연구자, 연구보조원, 그리고 출판을 위해 편집과 사진 작업 등을 맡아준 박영사를 비롯한 많은 분에게 고마움을 표한다.

2025년 8월

실크로드 아시아 7개국의 전통무예, 무용, 그리고 유희연구 연구책임자

한국외국어대학교 한국글로벌스포츠건강문화센터 소장 김태영

차례

제3부
전통유희

프롤로그

1. 우즈베키스탄의 역사적 배경

예전에 중앙아시아 정주문명 공동체의 핵심은 실크로드 교역로의 중간에 위치했던 부하라 칸국이라 할 수 있는데, 이러한 부하라 칸국의 영역과 문화유산들은 소련 시기를 거치면서 2/3는 오늘날의 우즈베키스탄으로, 1/3은 오늘날의 타지키스탄으로 이어지고 있다. 이러한 배경으로 인해 중앙아시아 정주문명 공동체의 전통문화 유산 대부분은 우즈베키스탄의 전통문화에 대한 조사와 분석을 통해서 파악이 가능하다.

우즈베키스탄 지역은 중앙아시아 정주문명의 중심지역으로 고대부터 동서간 교역의 중심지였기 때문에 인접한 강대세력들의 연속적인 침략과 정복을 겪어왔지만, 정주공동체라는 문명사적인 기반위에 서로 상이한 외래 정주문명들이 합쳐져서 공동체로 발전해나왔으며, 9－10세기를 거치면서 인접한 유목문명들이 유입되어 지배세력으로 자리매김하는 과정에서 정주민화되는 독특한 문명변화의 과정을 거쳤다. 고대로부터 이어져온 정주문명을 기반으로 우즈베키스탄은 전쟁과 경쟁을 통해 민족적 정체성을 가짐과 동시에 수세기에 걸쳐 형성되어 온 문화와 풍속들이 계승, 발전되었다. 이러한 과정에서 전통문화 유산들은 문명사적으로 다른 배경을 가지고 있음에도 유사성이 드러나고 있어, 명확한 민족, 지역 및 현대국가를 기반으로 하는 동아시아의 그것들과는 현재의 양상이나 분류의 측면에서 대비되는 특징을 가지고 있다.

실크로드의 중심부 트란스옥시아나의 역사가 사실상 우즈베키스탄의 역사로, 고대부터 동서남북을 잇는 요충지로 번영했다. 일찍부터 낙타를 길들여 사육한 지역으로 알려져 있다. 우즈벡의 사마르칸트, 부하라, 히바 등의 도시는 유네스코 세계유산에도 등재된 고도로 유명하다.

이 지역에 대한 본격적인 역사 기록은 아케메네스왕조 페르시아제국의 지배권 하에 들게 되는 기원전 5세기 무렵부터 시작된다. 고대 그리스인들은 이 지역을 "옥수스강 너머의 땅"이라는 뜻의 트란스옥시아나라고 불렀다.

페르시아가 알렉산더 대왕의 동방원정에서 멸망하면서 이 지역은 공식적으로는 셀레우코스 왕조의 영역이 되었는데, 고대 그리스 중심지와는 가장 멀리 떨어져 있었기 때문에 그리스계 이주민들은 기원전 256년경 그리스－박트리아 왕국을 세우며 셀레우코스 왕조로부터 독립했다. 이들은 인도와 활발한 교역을 벌이며 그리스어로 고대 인도의 문화와 역사, 종교에 대한 많은 기록을 남겼다. 중국 서북부 영토에 살던 토하라, 스키타이계 부족들이 흉노에게 밀리면서, 서쪽으로 이동하는 와중에 비옥한 박트리아를 침공하게 되자, 이들은 남쪽으로 이동하여 인도－그리스 왕국을 세우고, 불교를 받아들인다. 박트리아에 정착한 토하라인들은 쿠샨 왕조를 세우고 북인도와 중앙아시아의 영향력을 행사했다.

박트리아에서는 그리스 문자가 그대로 도입되었던 것과는 반대로 아프라시압(사마르칸트)를 중심으로 한 오늘날의 우즈베키스탄 중부 일대에서는 아람 문자를 차용한 카로슈티 문자 등이 사용되었으며, 이는 중앙아시아와 오늘날 파키스탄, 인도 북서부 지역에서 주로 사용되어, 고대 인도 문화권과 중앙아시아 정주문명 지대는 서로 밀접한 관계였음을 보여준다. 그리스인이 세운 박트리아 왕조 때부터 인도와의 교역으로 번영을 누렸던 트란스옥시아나 지역 경제는 지속 발전하였다. 트란스옥시아나의 도시들은 중국과 인도의 물산을 로마로 수출하는 중개무역 거점이 되어 번영을 누리기 시작했다. 한나라의 장건이 페르가나, 소그디아나, 박트리아를 탐사한 후 한나라는 이 지역에 대한 영향을 확대하여 여러 오아시스 도시 국가들에게 흉노 대신 한나라와 직접 통상을 확대하려 했다. 고대 말 이 지역의 역사는 사마르칸트와 부하라를 중심으로 한 소그드인들이 여러 유목제국들의 흥망성쇠 속에서 동서 교역을 주도하는 역사이기도 했다.

파르티아 왕국 붕괴 후 서기 5세기 무렵 에프탈 유목민족이 득세하였다. 소그디아나와 박트리아를 근거지로 둔 이들은 튀르크계 언어를 사용하는 토하라계 혈통의 유목민으로. 트란스옥시아나부터 인더스 강 일대까지를 지배하며 여러 도시들을 건설하고 소그드인들로부터 세금을 거두는 등 중앙집권화 체계제를 만들었다. 이들은 서기 600년경 사산조 페르시아의 이스파한을 습격하면서 페르시아 사산왕조와 전면전에 국력을 소모하는 사이에 서돌궐이 에프탈족의 중앙아시아 영토를 정복하면서 멸망하였다.

에프탈족을 이어 중앙아시아 지역에서 발흥한 서돌궐 제국은 소그드 무역 네트워크를 이용하여 동아시아 물산을 동로마 제국이나 사산조 페르시아에 수출하는 무역을 장악했다. 소그드인들은 자신들의 무역 네트워크를 지켜주고 도시의 성벽을 보호해주는 튀르크인 전사들과 대개 평화적으로 교류하며 서로간의 통혼도 잦았다. 유목 제국은 전사 집단에게 사치품을 주어 위신을 세워주어야 전사들의 충성을 받을 수 있는데, 서돌궐 제국은 소그드인들의 동서 무역을 통한 무역 수입만으로 이 문제를 간단하게 해결할 수 있었다. 트란스옥시아나의 소그드인들은 에프탈족과 서돌궐 제국에 안정적인 수입을 제공해 준 것 뿐만이 아니라 도시에서 생산되는 여러 공산품을 직접 공급하고 외교관으로 봉사하는 등 이들 유목민들이 단순한 전사집단에서 국가로 성장하는데 막대한 기여를 했다.

7세기 이슬람 세력이 급속히 팽창하면서 이 지역은 8세기부터 우마이야 왕조와 압바스 왕조의 영토가 되었다. 아랍인들은 이 지역을 "마와라아 안 나흐르(ما وراء النهر)"라고 칭했다. 이슬람 세력 외에도 당나라가 이 "마와라아 안 나흐르"(중앙아시아) 지역으로 진출을 시도했으나 토번 제국에게 번번히 막히고 결정적으로 탈라스 전투에서 아랍에게 패배하면서 저지당했다.

이슬람의 도래 이전 불교, 마니교, 네스토리우스파와 유목민 특유의 천신 신앙 텡그리 신앙의 각축장이던 이곳에는 이슬람 수피들이 선교를 하거나 불교 대학이 이슬람 학교로 개조되면서 점차 이슬람화하기 시작했다. 부하라와 사마르칸트 그리고 아프가니스탄의 발흐, 타지키스탄의 후잔트는 고대의 불교 대학 시설과 시스템을 물려받은 덕분에 페르시아의 니샤푸르, 메르브와 함께 중세 이슬람

학문의 중심지로 명성을 떨쳤다.

730년대 아랍인들은 이 지역에서 많은 수의 에프탈족과 튀르크족 포로들을 사로잡았다. 튀르크족 노예들이 군인 노예나 집사로 선호되면서 포로로 잡힌 튀르크인 노예들이 바그다드를 중심으로 한 압바스 왕조에 공급되었다. 전성기를 누리던 압바스 왕조가 제 5대 칼리프 하룬 알 라시드 사후 분열되고 힘이 약해지자 정교한 관료제가 흔들리게 되고, 이를 틈타 페르시아인들이 호라산과 마와라아 안 나흐르 일대에 반독립적인 나라들을 세우기 시작했다.

압바스 칼리파들은 사만 가문에게 사파르 반란군들을 토벌할 것을 명하고, 사파르 군대를 제압한 사만 가문은 명목상 압바스 칼리파에게 충성하되 세금을 보내지 않는 사실상 독립 상태를 유지한다. 사만 왕조는 페르시아 문화를 트란스옥시아나 지역에 완전히 뿌리내리는데 성공했으며, 행정 용어에서 소그드어와 아랍어가 밀려나고 페르시아어가 대신 사용되기 시작했다. 당시 경제적으로 매우 번영했던 사만 왕조는 상인들과 장인들을 우대하고, 도로를 정비하고 도로마다 숙소를 세워 실크로드를 통한 기반이 계속되도록 했다.

사만 왕조는 이웃한 튀르크족들의 내분을 이용하여 이들을 노예로 잡아 서쪽에 군인 노예로 판매하거나 아니면 자국 영토 내 광산에서 노동을 시켰다. 사만 왕조와 이웃한 카라한 칸국은 동서로 분열되어 한 쪽은 아르슬란 칸(사자 칸), 다른 한쪽은 부그라 칸(숫낙타 칸)이라 불리며 전쟁을 벌였다. 사만 왕조의 지원을 받아 다른 카라한 부족들을 공격하던 사투크 부그라 칸은 이슬람으로 개종하고 자신의 숙부를 처치한 뒤, 아르슬란 칸들을 제압하면서 카라한 칸국을 통일하였다. 텡그리 신앙, 불교, 마니교를 믿던 튀르크인들은 점차 이슬람으로 개종하기 시작하였고, 사투크 부그라 칸의 손자는 사만 왕조를 역으로 점령하면서 튀르크인의 중동 진출이 가속화되었다. 카라한 칸국은 사만 왕조의 영토를 정복한 것을 계기로 많은 타지크계 신민들을 받아들이고 이들에게 오히려 문화적으로 동화되는데, 이로 인해 중앙아시아의 튀르크인들은 문화적으로 급속히 페르시아-순니 이슬람 문화와 동화되었다.

10세기 말부터 셀주크가 이끄는 오우즈 튀르크족이 시르다리야 강 삼각주 근처로 이주해들어왔다. 트란스옥시아나 정주 이후 오우즈 튀르크족들은 이슬람으로 개종했고 인근 지역의 다른 비무슬림 오우즈 튀르크들을 공격했다. 소그디아나를 근거지로 삼은 셀주크 제국은 가즈나 왕조의 지배를 받던 호라산 지역의 도시들의 비자발적인 복종을 받아냈고, 셀주크 튀르크는 카라한 칸국과 평화협정을 체결하여 동부 영토를 안정시켰으며 이를 바탕으로 서쪽으로 팽창을 지속할 수 있었다.

거란족들이 중국을 정복하여 세운 요나라가 여진족에게 멸망하자 남은 거란족 난민들은 야율대석의 지휘 아래 타림 분지 일대로 도망쳐 카라 키타이(서요)를 세웠다. 이들은 1134년 금나라를 공격했으나 실패한 이후 서쪽으로 팽창하여, 1137년 5월 서부 카라한 칸국을 멸망시키고, 1141년 사마르칸트 근처에서 셀주크 제국을 패배시키며, 1142년에는 호라즘까지 영향력을 행사했지만, 13세기초 호레즘의 알라웃딘 무함마드가 트란스옥시아나의 무슬림 주민들의 불만을 이용하여 이 지역의 카라 키타이 세력을 몰아내고 수도를 사마르칸트로 옮겼다. 호라즘 제국은 우즈베키스탄 지역을 중심으로 인도 서북부에서 이란의 서쪽 국경까지 지배영역을 확장했다. 1215년 호라즘 샤가 압바스 칼리파에게 사절을 보냈을 당시 호라즘 제국은 이슬람 세계에서 가장 거대한 영토를 다스린 왕조였다.

오늘날의 신장 위구르 자치구에 해당하는 카라 키타이 동부 영토에 살던 무슬림들은 칭기스칸의 몽골군이 1216년 카라 키타이를 무찌르자 해방자로 환영하였다. 그러나 카라 키타이에서 호라즘 제국 영토가 된 지역들은 이와 정 반대되는 아니 엄청난 대재앙을 겪게 되었다. 13세기 초 몽골 제국이 호라즘 제국을 침략하는 와중에 우즈베키스탄의 유서깊은 도시 대부분이 파괴되었는데, 당시 중앙아시아 사회는 튀르크계 황인들은 주로 군인으로 활동하고 소그드계, 토하라계 백인들은 주로 도회지를 중심으로 상인으로 활동하는 분업 체제였는데 몽골인들이 몽골 제국이 나타나면서 호라즘 제국이 멸망하였고 튀르크인들이 군인과 귀족으로 편입되면서 몽골-튀르크 제국들이 나타나게 된다. 그 중에서도 트란스옥시아나 지역엔 차가타이 칸국이 위치하게 된다.

몽골 제국의 침략으로부터 1세기 이후 부하라를 방문했던 이븐 바투타에 따르면 아직 부하라는 과거와 같은 수준으로 복구되지 못하고 주변에 폐허가 널려 있다는 기록을 남겼다. 몽골 제국 시대 트란스옥시아나 일대의 엄청난 수의 기술자와 과학자들이 원나라나 일 칸국으로 이동되었고 이 지역은 인력이 부족했던 상황이었다. 1369년 티무르는 칭기스칸의 후계자를 자처하며 사마르칸트의 파괴된 성벽을 복구하고 수도로 삼은 후에 이후 다른 이슬람-튀르크계 국가들과 전쟁을 벌이며 약탈한 부로 사마르칸트를 아름답게 꾸몄다. 티무르의 군대는 원정 나간 곳에서 금은보화 뿐만 아니라 기술자들도 붙잡아왔다. 이란과 조지아, 아제르바이잔, 아나톨리아, 인도, 이라크 각지에서 타일업자, 벽돌공 등등이 잡혀왔다. 사마르칸트를 아름답게 꾸미기 위해 그가 벌이는 전쟁 와중에 티무르 제국의 영토 또한 크게 확장되었다.

1405년 티무르 사후 티무르 제국은 오늘날의 우즈베키스탄에 해당하는 지역과 오늘날의 아프가니스탄에 해당하는 지역으로 둘로 쪼개졌다. 오늘날의 우즈베키스탄에 해당하는 당시 트란스옥시아나 지역은 티무르의 후계자 중 천재 천문학자이기도 했던 울루그 베그(Ulugh Beg 1394~1449)의 영향으로 중앙아시아 정주문명지대의 철학과 학문 중심지로 부흥하였다. 몽골 제국의 침략 이후 침체되었던 중앙아시아의 마드라사들은 울루그 벡이 직접 강의장에 나타나서 강의와 질문을 주고 받으면서 다시 활기를 띄게 되었다. 이슬람 황금기 시대의 마드라사 문화 즉 학생이든 교수이든 상관없이 이의를 제기하고 질문을 주고 받는 문화가 부활하였다.

오늘날에 아프가니스탄에 해당하는 티무르 제국의 남부 영토는 헤라트가 중심 도시로 발전하였다. 울루그 벡과는 다르게 엄격한 무슬림이었던 통치자 샤 루흐(Shah Rukh 제위 1405~1447)의 영향으로 아프가니스탄에는 수피즘에 입각한 상당히 엄격한 이슬람 근본주의 문화가 확립되어갔다.

티무르 제국은 오늘날 우즈베크인의 형성에 영향을 준 샤이바니 왕조의 공격을 받아 멸망하였다. 킵차크 칸국에서 갈라져 나온 우즈베크인들은 우즈베크 칸국을 세운 후, 자신들이 칭기스 칸의 후계자임을 천명하였다. 창건자 샤이바니 칸은 티무르 제국을 멸망시키는 과정에서 16세기 초 발흐와 헤라트를 비롯한 아프가니스탄 상당 지역을 점령하였고, 티무르 치세에 아프가니스탄에 정착한 차가타이어파 튀르크족은 우즈베크 부족 연맹에 합류하였다. 우즈베크인은 오늘날 아프가니스탄 인구의 9% 정도를 구성하며 해외에서 우즈베크인들이 제일 많이 거주하는 나라도 바로 우즈베크인 380만여 명이 거주하는 아프가니스탄이다. 우즈베크인들이 티무르 제국을 멸망시킨 시점을 기준으로 수천년간 동질성 있는 문화를 공유하던 중앙아시아와 페르시아는 순니 이슬람을 믿는 투르키스탄과 쉬아 이슬람을 주로 믿는 이란으로 갈라지게 되었다.

우즈베크인들은 정주전통문화의 유산을 이어받으면서도 부하라 칸국, 히바 칸국, 코칸트 칸국 등 여러 개의 나라로 분열되어 있었다. 그러나 유목민적인 속성을 이용하여 무굴제국과의 말 교역에 나서기도 했다. 이러한 교역으로 인한 수입은 우즈베키스탄에서 인도 북부에 해당하는 지역에 도로와 다리가 정비되고 여행자 숙소가 개선되는 등의 투자로 이어졌으며, 이는 실크로드 선상의 전통적인 정주 기반 교역도시들이 지속적으로 유지되는 결과를 낳았다.

18세기 말 이후 북부의 유목민 집단들이 카자흐 사회에 준가르의 침공이후 북쪽에서부터 남쪽방향으로 제정러시아에 편입되면서 점진적으로 제정러시아의 영향권에 들어가게 되고, 농업의 비중이 증가했다. 제정러시아의 영향하에 자체적인 면방직 공장 건설 등 자발적인 산업화가 일시적으로 나타나기 시작했지만, 19세기 중반 카자흐 유목민의 러시아 편입이 완료된 이후 제정러시아는 당시의 부하라 칸국, 코칸트 칸국, 히바 칸국을 보호국으로 삼는다.

1867년부터 1917년까지 우즈베키스탄 지역은 러시아 제국의 튀르키스탄 영토로 편입되었다. 기존에 거주하던 우즈벡인, 타지크인, 카자흐인, 키르기스인 외에도 정교회를 믿는 러시아인들과 우크라이나인들, 러시아 제국 유럽 영토 출신 볼가 타타르인들이 해당 지역에 정착하기 시작했다. 러시아 제국에서 1906년 오렌부르크에서 타슈켄트를 잇는 철도를 설치하면서 타슈켄트는 투르키스탄의 중심 도시가 되었다. 기존 무슬림들이 사는 도회지 근처에 러시아인 이주민들을 위한 신도시 구역이 세워졌다. 철도 건설 이후에는 이 지역의 목화 재배와 수출이 증가했다. 1917년 이전까지 투르키스탄의 산업화는 거의 목화 가공업에 한정되었다. 러시아 제국과 중앙아시아의 인적, 물적 교류가 활발해지면서 우즈베키스탄 일대의 지식인들은 볼가 타타르인, 크림 타타르인들과 우즈베키스탄과의 격차를 느끼고 이슬람 근대화 운동 중 하나인 자디드 운동에 뛰어들었다. 당시 자디드 운동은 범튀르크주의적 요소 포함 당시 범세계적으로 유행하던 민족주의 성향도 포함하고 있었다. 자디드 운동의 민족주의적 성격은 우즈벡인들의 독자적인 민족의식 형성에 직접적인 영향을 주었다. 당시 우즈베키스탄의 지식인들은 근세 우즈벡어 문학 작품을 재구성, 재해석하고 여성의 평등을 주장했다. 당시에는 아직 자디드 운동가들의 주장은 보수적인 율법학자들의 방해로 일반 대중들에게 널리 보급되지는 못하였지만, 러시아 제국 붕괴 이후부터는 소련 시대 국가무신론과 이슬람의 충돌 과정에서 대안으로 자디드 운동가들의 온건화, 세속화된 형태의 이슬람 해석이 주류가 되었다.

러시아 혁명 이후 러시아제국이 멸망하면서 많은 러시아 인민들과 중앙아시아 인민들은 자유를 찾게 된다. 이 지역에는 부하라 인민 소비에트 공화국, 이후 우즈베크 소비에트 사회주의 공화국이 들어선다. 1924년 중앙아시아의 우즈베키스탄, 투르크메니스탄은 소련의 연방사회주의공화국으로 역사가 이어지며, 소련체제하에서 농업 생산을 주로 하는 경제특성을 지닌 공동체로 발전하였고, 제2차 세계대전 및 1960년대초 타슈켄트 대지진 이후의 복구과정을 거치면서 근대화가 지속적으로 진행되고, 인구가 급증하기 시작했으며, 전통문화의 요소도 일부 사회적으로 용인되기 시작했다.

1991년 소련붕괴 이후 독립한 우즈베키스탄은 구성원적인 측면에서는 다수의 혈통이 전통적인 정주문명 기반의 집단, 그리고 유목문명 혈통이었지만정주문명을 받아들여 정주민화된 집단, 여전히 유목문명 전통을 이어받는 집단이 오늘날 현대 우즈베크 민족을 구성하는 주요 집단이라 할 수 있는데, 혈통적으로는 유목문명 혈통이 다수이지만, 문명사적인 변천을 겪으면서 정주문명 전통집단으로 통합된 특징을 가진다.

따라서 독립 이후의 이른바 현대민족국가로의 정체성 확립 차원에서 정주문명의 기반이었던 페르시아-이슬람 문화 전통에 기반하는 이슬람을 국민 정체성을 확립하는 과정에서 적극 활용하면서도, 신정일치 국가가 아닌 이슬람을 국가의 통치제도하에 두면서 국가가 이를 관리하는 국가가 종교보다 우위에 있는 세속국가 체계를 확립하였다. 이러한 맥락에서 이슬람을 믿는 무슬림들이 인구의 절대 다수를 차지하고 있음에도 불구하고 중동이나 남아시아의 이슬람 국가들 같은 사회적으로 엄격한 이슬람 율법의 적용은 나타나지 않고 있으며, 생활관습 및 풍습 중심의 이슬람 확산이 이루어져왔다. 이는 제정러시아 말기, 소련시기의 이슬람 수용 관행이 그대로 이어져오고 있는 양상으로, 따라서 중앙아시아의 이슬람은 이른바 생활이슬람으로 불리고 있다.

정주문명 전통을 이어받고 있는 오늘날의 우즈베크인들은 한국인과 비슷하게 시와 노래를 즐기는 민족으로 "시와 노래 없이는 살수 없다"는 속담이 있을 만큼 일상생활 속에 남녀노소 불문하고 전통음악을 즐기며 살아간다. 이웃이 어려울 때 서로 도우며, 손님에 대한 접대가 극진하고, 노인과 부모공경의 동양예절이 현재까지도 잘 유지되고 있다. 중앙아시아 지역에서 가장 오랫동안 정착생활을 해온 오늘날의 우즈베크인은 가족 공동체를 중시하고, 부모에 대한 공경, 가부장적 사회, 남아선호사상 등 한국의 문화와 유사한 면을 많이 공유하고 있다. 천성이 온화하고 낙천적인 측면이 있으며 자원이풍부한 반면에 사회주의 영향으로 노동생산성은 낮은 편이다.

독립이후 이슬람 문화 중심으로 전통문화 및 민족정체성 복원시도가 적극적으로 진행되면서 제정러시아 체제 이전 이들 지역과 문명사적인 연계가 깊었던 오늘날의 터키, 이란 등 외부 이슬람세계와의 교류확대로 현재 우즈베키스탄은 중앙아시아 이슬람문화의 중심지 위상을 회복하고 있다.

소련체제에서 우즈베키스탄을 중심으로 한 중앙아시아 정주문명지대에서는 사회공동체와 이슬람과의 연계를 끊어내기 위한 소련당국의 여러 시도들이 행해졌는데, 특히 이 가운데 이슬람에 기반하여 가족공동체내로만 역할과 지위가 제한되어 있었던 무슬림 여성들의 사회 공적영역으로의 적극적인 진출을 목표로 하고 있었다. 이 가운데 대표적인 것이 당시 무슬림 여성들의 외면적인 상징이었던 베일벗기로 상징된 후줌운동이었다. 이는 특히 소련공산당 여성부에 의해 중앙아시아 정주문명지대에서 적극적으로 추진되었는데, 모스크바에서 파견된 공산당 여성부의 인력들이 우즈베키스탄 현지의 여성들과 협력하여 이루어졌다.

그러나 실제에 있어서는 당시 정주문명 공동체 사회의 남성들이 여성들의 급격한 역할 변화와 지위 상승에 대한 수용이 매우 수동적이었기 때문에 도시지역에서 조차 여성들은 공적 영역과 공간에서는 이러한 움직임에 동조했지만, 사적인 공간인 가정으로 되돌아와서는 전통공동체의 관념과 의식을 따르는 양상이 반복되었다. 이로 인해 이 시기부터 이미 사회활동과 가사활동을 모두 책임져야 하는 이른바 '슈퍼우먼' 여성 모델이 확산되기 시작했다. 따라서 소련붕괴 이후 전통문화를 강조하는 공동체로의 전환과정에서 여성들의 사회적인 활동과 역할은 소련시기에 대비하여 축소되는 경향이 나타나게 되었으며, 이러한 축소과정에서의 기준이 되는 규범은 이슬람이었다.

또한 타슈켄트, 사마르칸트, 부하라 등 주요 도시에서 이슬람 문화의 요소는 회복되고 있지만, 우즈베키스탄 정부는 일반적인 이슬람 국가들에서 나타나는 정교일치 전통과는 구분되는 세속주의 이슬람을 채택하고 있기 때문에 외부로부터의 급진 이슬람 사상 유입에 따른 이슬람 공동체의 급진화가 일어나지 않도록 이슬람과 정치의 철저한 배제정책을 독립 초기부터 시행하고 있으며, 2016년 카리모프 초대 대통령 서거 이후 이를 이어받은 현재의 미르지요예프 대통령 시기에도 우즈베키스탄 무슬림 공동체 사회를 유지하기 위한 기본적인 원칙으로 준수되고 있다.

그럼에도 불구하고 초대 카리모프 대통령은 서거이후 묘역이 과거 중앙아시아 이슬람 정주문명 공동체의 성인들 및 주요 종교지도자들의 묘역이 조성되어 있는 우즈베키스탄 사마르칸트 소재 샤이진다 사원에 마련되어, 이들과 같은 중앙아시아 정주 이슬람공동체 발전에 기여한 인물들과 같은 입지를 지닌 위인으로 받아들여지고 있는 점에서 우즈베크 전통공동체를 구성하는 중요한 요소에는 여전히 이슬람이 자리잡고 있음을 알 수 있다.

우즈베키스탄에서는 다양한 민족, 종교 명절이 있는데, 이러한 명절과 축일에는 특히 이슬람 이전에 존재했던 공동체들의 정체성에서 중심적인 역할을 했던 공동체사상들이 이후 유입된 이슬람과 융합된 형태로 오늘날까지 이어지고 있어서, 국가 차원에서 성대한 기념행사를 주최하여 모든 국민이 함께 즐길 수 있는 자리를 마련한다. 가정 내에서도 가까운 친지를 방문하고 온가족이 모여 전통 음식을 나누어 먹으면서 명절을 함께 축하하는 전통을 가지고 있다. 이러한 전통명절 가운데 가장 중요하고 가장 대표적인 것이 바로 춘분시기에 개최되어 봄맞이 축제에 해당되는 나브루즈(Navro'z)로, 과거 페르시아제국시기의 영향으로 조로아스터교 영역에 속했던 지역에서 행해지는 새해맞이 행사이다. 이는 중앙아시아 전역에서 가장 대규모로 치러지는 축하 및 명절 행사로, 이 행사가 열리는 춘분 전후의 시기에는 도시 곳곳이 깨끗하게 정비되고 다채로운 색의 천으로 장식을 한다. 행사 당일에는 전통 무용과 음식, 놀이를 선보이며 온 도시가 축제의 분위기에 휩싸인다.[1)]

우즈베키스탄은 100여개 민족이 공존하는 다민족 국가이다. 독립 후 공식적으로 우즈벡어를 사용하고 있으나 민족 간의 소통언어는 여전히 러시아어가 사용되고 있다. 주요 도시나 중장년층 사이에서는 러시아어만 알아도 의사소통에는 전혀 문제가 없으나 지방으로 가면 러시아어를 전혀 모르는 젊은이들도 상당수다. 독립 이후 우즈벡 정부의 우즈베크어 사용 활성화 노력의 결과 현재 대부분의 거리 간판이나 공식서류는 우즈베크어로 되어있으며 2004년부터는 100% 우즈베크어로만 정부공문이 만들어지는 등 공식적으로는 우즈베크어 전용 사회가 만들어져 있지만, 일상생활에서는 여전히 러시아어의 흔적과 영향이 많이 남아있고, 최근 들어와 러시아와의 관계개선 및 긴밀화에 따라 러시아어의 영향력이 되살아나고 있다.

2. 중앙유라시아의 전통 정주문명의 이원성

중앙유라시아에는 기원전부터 이 일대의 자연 환경에 맞춰 살아온 정주민들의 전통과 토착 신앙, 투르크–이슬람화, 여기에 유라시아 한복판에 위치해 있어

---

1) Līūdmila Rostislavovna Avdeeva, 《O'zbek milliy raqsi tarikhidan: kitob. Qadimiy zamonlardan 2000–yilga qadar o'zbek an'anaviy raqs san'ati》. (Uzbekraks, 2001).

다양한 민족이 끊임없이 이동하고 흔적을 남기면서 이러한 요소들이 혼재되어 전통문화의 틀 속에서 굳건히 자리하고 있다. 중앙아시아 사회에서전통문화는 앞서 살펴본 것과 같이 정주문명 전통과 유목문명 전통이라는 두 가지 주요한 흐름을 바탕으로 형성 및 변화되어 오고 있으며, 중앙아시아의 발전에 따른 이른바 전통 공동체의 물리적인 구조가 무너진 현대 중앙아시아인의 삶과 생활 곳곳에 긴밀하게 결부되어 이어지고 있다. 이러한 과정에서 중앙아시아에 유입되어 이른바 토착공동체의 종교가 된 이슬람은 유입시기와 공동체의 형태, 확산과정의 측면에서 정주공동체와 긴밀하게 연관되어 뿌리내리고 있으며, 유목공동체 지역으로의 이슬람 유입과 확산, 그리고 일상생활과의 연계는 정주공동체에 비해 훨씬 늦은 시기에 느슨한 형태로 이루어짐으로 인해 이슬람이 유목공동체시기의 전통문화 요소와 결부되어 있는 특징을 가지고 있다.

오늘날 중앙아시아 정주문명지대의 다수 종교인 이슬람은 이 지역에 유입된 것이 7세기부터인데, 이전 시기에는 조로아스터교, 고대 기독교, 불교 및 무속신앙이 혼재되어 공존하던 지역이었다. 이러한 다종교의 유산들은 이슬람 유입 이후 완전히 붕괴 및 파멸되는 과정으로 이어지지 않고 이슬람의 종교시설 및 공동체들로 변모하는 양상이 나타났다. 오늘날의 중앙아시아 이슬람의 기반에는 다종교의 흔적들이 발견되고 있는데, 오늘날의 무형문화유산에도 이러한 다문명적인 요소들이 발견되는 등의 특징을 가지고 있다.

8세기 중반 당나라와 아랍세력간의 중앙아시아 정주문명지대에 대한 주도권 경쟁 구도는 751년 탈라스전투에서 당나라가 패배하고 중앙아시아 정주문명지대에 대한 영향력 행사를 중단하게 되면서 그 이후로는 이슬람이 사회공동체의 중심적인 문화요인으로 자리잡게 되었다.

중앙아시아의 이슬람은 수피즘으로 유명한데, 수피즘은 신과의 합일을 위해 신비체험을 중시하는 사상과 종교운동을 일컫는다. 이슬람법이 체계화된 8세기 말부터 9세기에 이슬람은 외면적이고 형식적인 신앙 형태로 일상생활에 고착되기 시작했다. 이에 위기감을 느낀 일부 종교인들이 형식보다는 행위의 내면성을 중시하는 종교 운동을 전개하면서 수피즘이 본격적으로 확산되기 시작했다. 수피즘을 따르는 이들은 교단의 스승이자 지도자인 샤이흐(shaykh)의 가르침에 절대적으로 순종하면서 금욕적인 수행을 통해 무아의 경지에서 신과 하나가 되기 위해 노력한다. 수피즘은 일반적으로 정통 이슬람을 신봉하는 이들로부터 '이단'으로 치부되기도 했지만 11세기 말 저명한 수피 지도자인 가잘리(Abu Hamid Ghazali)의 노력으로 정통 이슬람의 한 부류로 자리매김했다.

중앙아시아 정주문명지대에서는 15–16세기가 수피즘의 전성기에 해당되는 시기였는데, 당시 사회적 영향력을 갖고 있던 수피 교단으로는 낙쉬반디야 교단(Naqshbandiyya), 야사비야 교단(Yasawiyya) 등이 있다. 특히 중앙아시아 정주문명지대의 정치와 일상생활에 가장 중요한 영향력을 행사한 교단은 낙쉬반디 교단으로, 일상생활 속에서 수행을 중시하고 명상을 통해 신과의 합일을 추구했고, 이는 정주지대 무슬림들로부터 많은 공감을 얻을 수 있었다.

야사위교단의 경우에는 창시자인 호자 아흐멧 야사위의 묘를 14세기 중앙아시아 정주문명지대를 기반으로 유라시아 대륙에서 제국을 형성했던 티무르 제국의 창시자 아미르 티무르가 복구했을 정도로 중앙아시아 무슬림공동체에서 영향력이 큰 교단이다.[2] 수피즘의 주요 특징인 영묘(靈廟)문화는 여전히 중앙아시아 곳곳(특히 정주문명 지대)에 남아 이곳의 무슬림들은 주요 수피 지도자 및 성인의 묘지를 순례하며 가족의 건강과 안녕을 기원한다. 특히 호자 아흐멧 야사위 영묘는 원래의 중앙아시아 정주이슬람 공동체뿐만 아니라 상대적으로 이슬람과 관련된 역사문명 및 유적들이 거의 없는 유목민 공동체 중심인 카자흐 민족의 무슬림들에게 메카 못지 않게 매우 중요한 이슬람 성지로 여겨지고 있다.

현재의 중앙아시아 남부 및 남서부는 대규모의 정주민 공동체를 중심으로 소규모의 유목민 공동체들이 공존했던 지역이다. 따라서 이 지역은 특히 농경이 가능한 지역을 중심으로 농업공동체들이 형성되었으며, 이들을 연결하는 교역루트들이 형성되기 시작했고, 동서간 교역이 본격화되면서 농경을 기반으로 교역이

2) 야사위교단의 창시자이며 이슬람 성인인 호자 아흐멧 야사위를 기리는 사원은 티무르제국의 창시자 아미르티무르에 의해 재건되었는데, 현재 이 사원은 우즈베키스탄은 아니지만 정주문명권에 속했던 카자흐스탄 남부 투르키스탄시에 위치하고 있으며, 중앙아시아 무슬림의 성지로 받아들여지고 있다.

발달한 공동체들로 발전하기 시작했다.

따라서 동시대의 인접 정주문명 제국으로부터 많은 영향을 받는 필연적인 구조를 가지게 되었으며, 이러한 인접 정주문명 제국의 변화는 바로 중앙아시아의 정주문명 공동체들에도 지속적이고 직접적인 변화를 초래하는 요인으로 작용하였다. 정주민들은 농경이 가능한 사막의 오아시스 지역, 산악지대의 고원 및 수자원 접근성이 용이한 평야지대를 중심으로 공동체를 형성하였고, 이는 자연스레 교역이 발전하면서 교역의 중심지로 확대되는 과정을 거쳐 해당 지역을 통치하는 통치의 중심으로 발전하게 되었다.

이러한 과정에서 전통시대의 신체문화를 구성하는 놀이, 무예, 무용 등의 분야는 인접한 정주문명 제국의 요소들을 흡수하여 일부가 변용되는 양상이 나타나게 되었다. 이와 관련된 가장 대표적인 것 가운데 하나로는 불을 숭배하는 종교였던 조로아스트교의 새해맞이 유산이 정주와 유목에 상관없이 과거 페르시아 제국의 영향권하에 있었거나, 페르시아 제국의 변방이었던 중앙유라시아 국가들에서 오늘날에도 전통문화의 일부분으로 지켜지고 있다.

중앙아시아의 대표적인 명절인 새해맞이 봄축제는 정주문명권에서는 나브루즈, 유목문명권에서는 나우르즈로 불리는데, 유목문명권에서는 역시 유목전통문화와 연관된 형태의 문화요소들이 이슬람과 연계성을 가지면서도 유목 특성을 더 강하게 드러내는 특징이 나타난다. 원래 이 봄맞이 축제는 조로아스터교에서 나온 것으로 종교적 색채와 의미는 퇴색되고 그대로 유목문화에 녹아서 새로운 해의 도래와 가축을 새로운 목초지로 떠날 시기가 왔음을 알리는 절기(節氣)로 자리잡았다. 즉, 봄날이 찾아오고, 새싹이 막 돋아 유목민들이 가축에게 먹일 풀이 돋아나기 시작하는 나우르즈는 새로운 해의 본격적인 유목이 시작됨을 의미했기 때문에 유목민에게 새해로 기념되고 있는 것이다.

이러한 중앙유라시아의 정주공동체는 앞 부분에서 살펴본 역사적인 배경 측면에서 그 출발은 페르시아 계통의 정주민 집단에 해당됨을 알 수 있다. 역사적인 과정을 살펴보면, 9－10세기 카라한 왕조가 중앙아시아 정주문명 지대를 중심으로 하는 지배왕조로 설립되기 이전의 시기는 다양한 문명사적 배경의 정주민 지배자들이 시기를 달리하여 특히 실크로드 선상의 주요 교역 도시들을 중심으로 형성되어 있는 공동체를 지배하는 양상을 보여왔다. 이러한 과정에서 정주교역 공동체들과 인접한 유목민 공동체들 역시 이들과의 교류를 통해 자신들의 공동체를 유지하는 형태를 보였고, 적극적인 팽창 또는 대립의 양상은 일반적이지 않았다.

중앙아시아의 문명은 유목과 정주라는 이원성을 바탕으로 하고 있는데, 정주문명권은 역사적인 과정으로 인해 다양한 정주문명 요소들이 유입된 역사적인 시기들이 상이함에도 하나의 공동체 문화로 오늘날까지 이어지고 있는 특징을 지니고 있다. 이러한 과정에서 특히 역사적으로 가장 오랜 연계를 가지고 있는 페르시아 제국의 요소들은 페르시아 제국과 상대적으로 지리적으로 인접한 서부와 중부 지역의 정주민 전통문화 요소들에 녹아들어 있으며, 또한 이러한 요소들은 페르시아 제국의 이슬람화와 동일하게 이슬람적인 요소와 긴밀하게 결부되어 오늘날 우즈베키스탄의 전통문화로 계승되고 있다.

따라서 오늘날 우즈베키스탄의 전통문화 중심을 구성하고 있는 중앙아시아 전통 정주문명의 요소들은 페르시아 제국을 이어받은 오늘날의 이란, 그리고, 역사적으로 우즈베크를 구성하는 역사공동체 가운데 가장 정주문명 속성이 강하고 영토적으로 가장 넓은 공동체였던 부하라 칸국의 영토와 요소들을 공유하고 있는 오늘날의 우즈베키스탄, 아프가니스탄 북부 및 북인도, 타지키스탄, 중국신장, 카자흐스탄 남부, 키르기스스탄 남부 등에서 공통적인 문명 및 전통문화 요소들로 오늘날에도 이어지고 있다.

이러한 맥락에서 중앙아시아 정주문명을 계승하고 있는 우즈베키스탄의 전통문화는 바로 이러한 지역들의 전통문화들과 상당 부분 유사성을 지니고 있으며, 이는 이른바 페르시아 제국문화의 요소들을 근간으로, 이후 유입 및 확산된 이슬람에 의해 더욱 견고해지는 과정을 거쳐왔다. 또한 현대 우즈베키스탄 공동체에서 소수집단인 유목민 집단의 전통문화는 이웃한 북쪽 및 서쪽의 유목민 전통을 이어받은 카자흐, 카라칼팍, 키르기스 집단들과 유사성이 나타나고 있음을 알 수 있다. 이는 또한 소련체제가 출범하면서 소련체제 초기의 중앙아시아 5개국 영토 획정 과정에서 서로 접경하고 있는 상이한 문명사적인 배경의 소수 공동체 영역을 각자의 고유 문명사적인 배경과는 다른 지역을 기반으로 하는 국가에 속하게 함으로써 만들어진 인위적인 결과이기도 하다. 이러한 요소들은 기존의 중앙아시아내 정주 및 유목 전통공동체라는 구조들이 오늘날의 민족국가 분할 및 형성과정에서 반영되지 않고 동 시대의 통치적인 효율성만을 강조한 영토분할로 인해 현대 중앙아시아 국가들을 국가단위로 이해하는 과정에서 항상 국가 전체에 대한 일관된 이해와 분석의 구조가 적용되도록 하는데 장애요인 내지는 특별히 고려해야 하는 특수한 요소들이 다수 생겨나는 원인이 되기도 했다.

이와 같은 다양성으로 인해 현대 우즈베키스탄의 전통문화는 다수 문화라 할수 있는 정주문명의 요소, 그리고 정주문명 요소와는 지리적인 측면과 기원, 혈통 측면에서 구분되는 유목문명 요소들로 구분하여 기원과 발전 계통 측면에서 변천과정을 구분하여 살펴봄으로써 중앙아시아가 가지고 있는 다원성에 입각한 전통문화 이해가 가능하게 된다.

제1부

전통무예

쿠라쉬(Kurash)

중앙아시아는 예전부터 투르키스탄(투르크의 땅)이라는 이름으로 알려져 있다. 동쪽으로는 중국과 몽골, 서쪽으로는 이란과 카프카스 제국, 남쪽으로는 아프카니스탄, 파키스탄, 인도, 북쪽으로는 러시아와 인접해 있어 마치 "문명의 십자로"라는 별명대로 다양한 출자와 언어, 문화를 가진 사람들이 역사적으로 왕래가 빈번한 지역이었다. 서부지역에 해당하는 서투르키스탄은 1917년의 러시아혁명에 의해 소비에트체제로 병합된 후, 1924년에 소련중앙정부의 결정에 따라 만들어진 새로운 민족명칭과 범주에 따라 국경이 획정되었으며, 1936년까지 소련을 구성하는 여러 연방공화국들 가운데 중앙아시아 지역의 5개 사회주의 공화국으로서 근대국가의 형태를 갖추기 시작하였다. 후자(민족별 국경 획정)는 또한 중앙아시아사에 있어서 '제2의 혁명'이라 불리게 되었다. 왜냐하면, 이것으로 민족의 자격, 또는 명칭이 붙여지게 되었고, 그때까지의 투르키스탄이나 부하라, 카자흐 초원 등의 역사적 지리 개념에 입각한 구분을 대신해 중앙아시아 사상 처음으로 이 지역에 근대 민족주의에 입각한 민족별 정치, 행정 구분이 정착하게 되었던 것이다. 이 때에 결정되었던 국경선과 각각의 기간 민족명을 가져온 국명을 원형으로 1991년에 구소련 체제를 계기로 독립한 국가가 우즈베키스탄, 카자흐스탄, 키르기스스탄, 타지키스탄, 투르크메니스탄이다.

본 연구는 이 중에서 인구가 가장 많은 우즈베키스탄공화국을 대상으로 해 기간 민족인 우즈베크인에게 고유한 무예로 알려져 있는 쿠라쉬(Kurash)의 역사와 현재를 살펴보자.

쿠라쉬란 톤(to'n)이라 부르는 웃옷을 입고 그 위에 띠를 두른 후 하의는 팬티를 입고 상대방을 던지거나 메치는 것만으로 승부를 가리는 격투경기이다. 단어적으로는 쿠라쉬란 정확하게는 싸움이나 투쟁, 격투, 격투기 등의 의미를 나타내는 보편적 명사이다. 따라서 격투기의 의미로 쿠라쉬라는 단어를 사용한다고 하더라도 거기에는 전통(밀리) 격투기 외에, 유도나 레슬링, 삼보(구소련 및 러시아의 국기) 등과 같은 외래 격투기도 포함시키는 경우가 있다. 그 때문에 우즈베크인의 민족격투기로서의 쿠라쉬는 다른 격투기와 구별해 우즈베크 쿠라쉬 등으로 표현되는 일도 있다.

쿠라쉬의 기원은 고고학 조사에서 발굴된 유물(쿠라쉬의 모습이 그려진 일상용품으로서의 토기나 마구 등)의 연대나 고대 그리스 및 중국 역사가들의 연구 등에서 알 수 있는 것은 기원전 5−1.5세기 사이로 보는 것이 대부분이다[1]. 그리고 이 격투기가 사람들 사이에서 대중화된 것은 보통 9−16세기에 걸쳐서 이루어졌다고 알려져 있다.[2] 10세기에는 현재의 우즈베키스탄 서쪽 지역에 위치한 부하라 근교에서 탄생한 의학과 철학 분야에 있어서 커다란 공헌을 남긴 사람으로 유럽세계에서도 「아비센나」라는 이름으로 알려지게 된 이븐 시나(980−1037)가 지은 『의학 전범(典範)』 속에 쿠라쉬가 심신의 건강을 유지하기 위한 최선의 방법이라고 기술하고, 이것을 적극 추천하였다.[3] 그리고 14세기에는 동일한 지역인 서부의 사브리샤브즈 근교에서 태어난 티무르왕조의 창설자가 된 아미르 티무르(1336−1405)가 신체훈련과 자기방어를 목적으로 자신의 군대에 쿠라쉬를 도입하였다.[4] 또 적어도 15세기에는 부친이 자식을 사촌이나 근처의 남자아이들과 쿠라

---

1) Mo'minov, Asror. Kurash//O'zbekiston milliy entsilopediyasi, 5 jild, Toshkent, «O'zbekiston milliy entsiklopediyasi» Davlat ilmiy nashriyoti, 2003, pp. 141−143.

2) Yusupov, Komiil. Kurash−Khalqaro qoidalari tekhnikasi va taktikasi//toshkent, G'afur G'ulom nomidagi nashiyot−matbaa izhodiy uyi, 2005, p. 20.

3) Bobobekov, Haydarbek, Mahmudzhon Sodiq, Zulkumor Ro'zieva va boshq. O'zbek kurashi dovrug'i//Toshkent, Acu Ali ibn Sino nomidagi tibbiyot nashriyoti, 2002, pp. 20−24; Yusupav, Komil. Kurash−Khalqare qoidalari tekhnikasi va taktikasi, pp. 17−19.

4) International Kurash Association(IKA). Kurash//Tashkent, World federation on Kurashi

쉬를 겨루도록 경쟁시켰다. 그리고 혼인과 할례 등의 축하연이나 나우루즈(navruz: 이란의 태양력에서 초하루, 춘분)라 불리는 전통새해맞이 축제일(3월 21일)을 즈음하여 쿠라쉬가 개최되거나 하는 쿠라쉬의 전통유희로서 위치도 이미 확립되어 있었다.[5] 그 외에 중앙아시아에서 부흥한 세계 유수의 이슬람 수피종파의 낙시반디 교단 전신으로 알려진 호자칸 교단의 6대 샤이크(Shaykh: 도사)인 사이이드 아미르 쿠랄(1301－1370)이나 15세기의 야사위교단의 무리드(murid: 제자)들이 쿠라시를 연마하고 있었다는 것도 밝혀지고 있다.[6] 쿠라쉬는 현재 우즈베키스탄 영토에 해당하는 지역 속에서 몇 세기라는 시간을 경과함과 더불어 군대에서 신체규율의 수단이나 전통유희 등으로서 사람들 사이에 광범위하게 침투되어 있었다고 생각된다. 이러한 역사성 때문에 오늘날에 있어서도 우즈베키스탄의 우즈베크인 남성들은 “쿠라쉬는 우리 민족의 피 속에 흐르고 있다”고 말할 정도이다.[7] 또 이러한 시기의 쿠라쉬에는 복수의 종류가 존재하고 있었다는 점이 알려져 있지만, 그러한 구체적인 규칙이나 차이는 이부의 예외를 제외하고는 밝혀져 있지 않다.[8]

그러나 쿠라쉬는 20세기 전반에 있어서 소련 체제의 성립과 함께 불우한 시대를 맞이하게 되었다. 왜냐하면, 소련체제는 연방을 구성하는 15개의 구성 연방공화국을 통합하는 신생 국가를 짊어질 국민으로서 「소비에트인」을 창조하는 데 노력하는 한편, 쿠라쉬는 우즈베크인의 민족주의적인 심성이나 자랑(우즈베크 내셔널리즘)을 고양시키기 때문에 신생 국가의 국민 형성의 시험대를 저해하는 것이라고 경계했다.[9] 1950년대부터 1960년대에 걸쳐서 쿠라쉬의 지위는 심하게 폄하되어 쿠라쉬대회는 소규모로 개최되었고, 톤이라 불리는 복장과 규칙 등도 통일되

development, 2010, p. 5.

5) Bobobekov, Haydarbek, Mahmudzhon Sodiq, Zulkumor Ro’zieva boshq. O’zbek kurashi dovrug’i, pp. 28－32.

6) Bobobekev, Haydarbek, Mahmudzhon Sociq, Zulxumor Ro’zieva va boshq, O’zbek kurashi dovrug’i, p. 25; Yusupov, Komil. Kurash－Khalqaro qoidalari tekhnikasi va taktikash. pp. 19－20.

7) IKA. Kurash, p. 5.

8) Mo’minov, Asror. Kurash, pp. 141－143.

9) Yusupov, Komiil. Kurash－Khalqaro qoidalari tekhnikasi va taktikasi, p. 21.

지 않았다.[10)]

소련체제 말기로 오면서 우즈베키스탄의 전통 쿠라쉬는 사회주의적인 제도 속에서 근대스포츠경기로서 정비되기도 하였다.[11)] 우즈베키스탄·소비에트사회주의인민공화국 내각 부속체육스포츠위원회 결정에 의해 우즈베키스탄국가체육스포츠위원회쿠라쉬협회가 설립된 이후인 1970년에 스포츠마스터나 마스터 후보 등 스포츠 분야에 대한 소련 전체 차원의 스포츠 분야 전문가 등급 부여가 쿠라쉬에도 적용되기 시작했다.

쿠라쉬의 근대스포츠로 인해 나타나는 변화는 다음의 3가지를 들 수 있다. 첫째, 쿠라쉬는 역사적으로 축제(각종 축하연과 나우루즈)에서의 오락으로 개최해 왔지만, 그러한 배경이나 맥락과는 상관없는 순수한 경기로도 일반적으로 거행하게 된 점을 들 수 있다.[12)] 둘째, 쿠라쉬는 원칙적으로 대개 연령을 토대로 무차별 체중제로 운영되어 왔지만, 새롭게 명확한 연령 구분(15–16세/17–18세/19세 이상)을 토대로 10개로 구분되는 체중에 의한 체급제(58kg 이하급–100kg 이상급)가 도입되었다는 점이다.[13)] 셋째, 쿠라쉬는 종래에는 승패가 결정될 때까지 시간을 무제한으로 하는 규칙으로 거행되어 왔지만, 새롭게 시간제(5분간)가 도입되었다는 점이다.

이 3가지 특징으로 하는 쿠라쉬의 근대스포츠 개혁은 2종류의 쿠라쉬에만 한정된 형태로 이루어졌다. 첫째는 페르가나분지를 중심으로 하며 이와 인접한 타슈켄트주나 스르다리야주 등 오로지 우즈베키스탄 내의 동부지역에서 거행되는 벨보글리 쿠라쉬(belbog'li kurash)가 있다. 우즈베크어로 벨보글이란 '띠'를 의미하는데, '벨보글리 쿠라쉬'란 '띠를 매고하는 쿠라쉬'로 번역할 수 있다. 이것은 두 경기자가 서로 양손으로 띠를 잡고 어깨를 마주댄 형태로 시작하는, 이른바 우리 조상들이 즐겼던 '띠씨름'과 같은 형태를 가리킨다. 이것과 흡사하게 서로 맞

---

10) Bobobekov, Haydarbek, Mahmudzhon Sodiq, Zulkumor Ro'zieva boshq. O'zbek kurashi dovrug'i, p. 32.

11) 〔Anonim〕 Kurash–O'zbek sovet entsiklopediyasi va taktikasi, p. 21.

12) O'sha muallif. O'zbek sovet entsiklopediyasi, pp. 177–178.

13) O'sha muallif. O'zbek sovet entsiklopediyasi, pp. 177–178.

잡고 하는 민족격투기의 존재는 폭넓게 투르크계 민족이 생활하는 국가마다 알려져 있다. 그 명칭도 비슷하다. 예를 들어 카자흐스탄에서는 쿠레쉬(kuresh), 키르기스에서는 쿠로시(kurosh), 아제르바이잔에서는 글레시(gulesh), 러시아·타타르스탄에서는 큐레시(kyoresh), 터키에서는 귤레시(gyuresh), 등으로 불린다. 이것들 사이의 차이점으로는 상의와 슈즈의 유무, 그리고 상의의 미묘한 형태나 무늬, 색깔 등을 제외하면 거의 동일한 규칙으로 격투한다.

둘째, 스르한다리야주, 카슈가다리야주, 부하라주 등의 오로지 서부지역에서만 거행되는 '밀리 쿠라쉬(milliy kurash)'가 있다. 우즈베크어로 '밀리'란 민족을 가리키는 의미의 형용사이다. 따라서 '밀리 쿠라쉬'는 말 그대로 민족의 전통 쿠라쉬로 이해된다. 이것은 앞에서 기술한 바와 같이 띠씨름 형태의 쿠라쉬와는 다르게 처음부터 상대와 붙잡고 싸우는 자세가 아닌 자유롭게 떨어져서 상대를 넘어뜨리는 형태로 거행되는데, 유도나 자유형 레슬링에 가까운 자세로 시작된다.

쿠라쉬는 구소련이 지배했던 시기에 이와 같은 두 종류의 경기형태로 사회주의적인 제도 속에서 근대스포츠화되었지만, 이것은 쿠라쉬가 1970년대 이후에 발전하게 되었다는 점을 의미하는 것은 아니다. 왜냐하면, 현지의 많은 사람들이 쿠라쉬는 소련시대 중기 이후에도 정치적으로 탄압을 받았다고 느끼고 있기 때문이다. 이러한 국민 감정의 형성에는 우즈베크 내에 존재하는 여러 가지 비슷한 격투기에는 다양한 계층, 집단 및 신분조직이 관여되어 있었기 때문이다.[14] 1938년에 소련 국민통합을 위해 고안되었던 소련의 국기인 삼보나 1964년부터 올림픽 정식종목으로 채택된 유도가 전소련선수권대회 등에서 개최된 것에 비해서 쿠라쉬는 1970년대까지 유도나 삼보와 같은 소련 전국 규모로 대회를 개최하지 못하였다. 즉 쿠라쉬는 소련 시대에 사회주의적인 근대스포츠로서 전개하게 되었지만, 삼보나 유도보다 하위로 처지는 사회적 위치가 부여되었다고 볼 수 있다. 그러나 그러한 입지에도 불구하고 사람들이 쿠라쉬에 대한 관심과 흥미를 잊지 않았다. 그 결과로 쿠라쉬는 지역차는 있지만, 축하연(특히 결혼)이나 나우루즈의 축제날에

14) Tursnov, Sayapulla, Toshkentboy Pardayev, va Oltiboy Begimqulov. O'zbek milliy kurash; Tarikhi va an'analari//Termez, «Surkhon–Nashn» nashriyoti, 2015, pp. 31–32.

있어서 우즈베키스탄인임을 느끼게 해 주는 사회적 요소로 개최되게 되어 전통무예로서의 성격을 강하게 표출하게 되었다고 생각된다.

그 후 우즈베키스탄은 주지하는 바와 같이 1991년에 구소련으로부터 독립하게 되었다. 그리고 우즈베키스탄의 새로운 내셔널 정체성은 다음의 두 개의 기본방침에 따라 부여되었다. 그것은 첫째로 "러시아적, 소련적 가치의 부정"이며, 둘째로 기간민족인 우즈베크인의 "문화적 가치의 재평가"였다.[15] 이처럼 스스로 민족문화를 바르게 바라볼 수 있게 된 결과, 쿠라쉬는 우즈베키인에게 고유의 민족스포츠라는 이름으로 부르게 되었고, 정부의 국책 사업을 토대로 국기에 가까운 사회적 위치를 부여받게 되었다.

단, 구소련 체제에서 근대스포츠화한 두 종류의 쿠라쉬 중에 독립 후에 신정부로부터 강력하게 지지받아 국제화를 달성하게 된 것은 우즈베크 서부에서 거행되었던 밀리 쿠라쉬뿐이다. 이점은 밀리 쿠라쉬를 통괄하는 조직이 독립 후 얼마 지나지 않은 1992년에 "우즈베키스탄 쿠라쉬 민족연맹"으로 설립되어, 국제쿠라쉬협회를 겸하는 형태로 발족하였던 것에 비해 동부에서 거행되었던 벨보글리 쿠라쉬는 2002년에야 겨우 "우즈베키스탄벨보글리쿠라쉬"로 발족하였다는 뒤처짐이 원인으로 작용하였다고 보여진다. 그 후에 사망한 이슬람 카리모프(1938－2016)대통령이 상기의 "국제쿠라쉬협회"의 명예회장으로 선출되고, 1998년 2월에 국제쿠라쉬협회의 강화에 관한 대통령령이 제정되면서 밀리 쿠라쉬는 국제적인 스포츠 경기로 발전해 왔다.

1998년 5월에는 수도인 타슈켄트에서 제1회 국립 쿠라쉬세계선수권대회(남자)가 개최되었다. 그리고 같은 해 10월부터는 기관지인 『쿠라쉬』도 발행되고 있다. 또 밀리 쿠라쉬의 세계선수권은 2016년까지 터키나 몽골, 우크라이나 등에서 총 10회 개최되었고, 그 외의 국제대회도 우즈베크 서부의 카슈카다리야주와 스르한다리야주에 있는 5만명 수용의 경기장을 무대로 정기적으로 개최되고 있다. 이러한 대회들은 2－3일 일정으로 체급별(유도경기의 남녀 체중 구분과 동일함)로 거

15) Agadjanian, Victor and Ekaterina Makarova(2003) from Soviet Modernization to Post－Soviet Transformation: Understanding Marriage and Fertility Dynamics in Uzbekistan, Development and Change, 34(3), pp. 447－473.

행되고 있다. 입상자에게는 대통령 명의의 상금이 수여되며, 우승자에게는 미화 10만 달러, 준우승자에게는 미화 5만달러를 지급하였다. 또 이러한 대회에는 지금까지 올림픽 메달리스트 등 유도의 강자들도 참가하고 있다. 더욱이 2005년부터는 아시아올림픽평의회(OCA)가 주최하는 아시아실내무도경기대회 등의 경기회의 정식종목으로서도 밀리 쿠라쉬가 실시되고 있다. 그 외에도 아시아, 아프리카, 유럽, 오세아니아, 팬아메리카 각 대륙에 있는 5개의 국제쿠라쉬연맹에 세계 122개국이 가입하고 있고, 경기 참가자 규모는 전세계에 약 60만－100만명 이상인 것으로 알려져 있다.

우즈베키스탄 정부는 독립 후에 쿠라쉬를 통해 국가명을 세계에 알리고자 하였다. 이 움직임은 스포츠와 내셔널리즘이 통합한 사례로 이해되고 있다. 그러나 앞서 언급한 것처럼 독립 후에 세계로 보급하려는 움직임이 있었던 쿠라쉬는 오로지 우즈벡 국내의 서부지역에서 거행된 전통 쿠라쉬만을 보급하였기 때문에 동부지역에서 거행되어 온 벨보글리 쿠라쉬는 여기에 포함되어 있지는 않다.

우즈베키스탄 서부지역의 전통 쿠라쉬(이하 쿠라쉬)가 오늘날의 우즈베키스탄에서 명실상부하게도 높은 인기를 자랑한다는 점은 사실이다. 그중에 카슈카다리야주와 스르한다리야주에서의 쿠라쉬의 인기는 그 어느 종목도 넘보지 못할 정도이다. 이 지역에서 쿠라쉬는 마치 한국에서 부자간이나 형제간에 씨름하는 것과 같이, 아니 그 이상으로 일상적인 격투기로서 사람들에게 친근감과 사랑을 듬뿍 받고 있다. 쿠라쉬는 강건함과 기민함, 인내력, 강한 의지라는 신체성과 사회성을 어릴 때부터 키우기 위한 중요한 수단으로 자리 잡았다. 특히 남자아이들은 쿠라쉬를 통해 강인함과 담력, 용감함이라는 남자다움을 키우는 데 이용된다. 예를 들어 친구들에게 놀림을 당했다 하더라도 울지 않는 아이가 있다면 어른들은 '싸움으로 두들겨 패'는 것이 아니라 '쿠라쉬로 내동댕이쳐'라고 말할 정도로, 어린아이를 격려하고 용기를 북돋아 쿠라쉬를 통한 남자로서의 사회화 과정으로 삼을 정도이다. 이 격투기의 유희로서의 대중성은 모든 남자가 쿠라쉬를 거행하며 자란다고 말할 정도로 빼놓을 수 없는 것이다. 이처럼 쿠라쉬는 이 지역에서 생활하는 사람들이 공유하는 문화로 자리 잡았으며, 이것은 또한 세대를 넘은 커뮤니케이션을 촉진시켜 사람과 사람 사이의 네트워크와 애정을 매일매일 갱신하는 수단으로 작용하고 있다.

마지막으로 이 서부지역에서 쿠라쉬가 결혼, 할례 등의 축하연이나 나브르즈(춘분시기 전통새해맞이 축제)의 축제일에 즈음하여 대중오락으로 지금까지 개최되어 오면서 커다란 인기를 얻기도 했다. 이는 춘분에 맞춰 치러지는 축제일인 3월 21일의 5일 전부터 10−15일 간에 걸쳐 각지의 평원에서 쿠라쉬가 개최된다. 처음 며칠 간은 매일 3−5개 장소에서 마할라(mahalla, 마을공동체) 대 마할라라는 조금 작은 단위에서 수십명의 대항전이 3−10세의 어린이부터 장년부 순서로 진행되는, 3−5명을 상한으로 하여 승자가 살아남는 방식으로 거행된다. 거기에서는 암묵적인 규칙도 존재한다. 예를 들어 형제가 상대 마할라에 졌다면 그 상대가 자신보다도 연상이고 체격도 크고, 명확하게 강한 상대라 하여도 그는 상대와 형제의 명예를 걸고 격투하지 않으면 안 된다. 그렇기 때문에 사람들은 거기에서 인간드라마를 끄집어내기도 하면서 어린이부터 어른까지 쿠라쉬에 열광하는 것이다. 이 마할라 대항전이 끝나면 마을과 지구, 주 대항전으로 이어지는 대결이 열린다. 승자에게는 축하와 더불어 상품이 전달되는데 몇 년 전까지 연소자의 경우에는 주단과 화병 등의 증정품, 14−18세의 청소년에게는 약 2만− 10만숨(약4−20달러)의 현금, 그리고 20세 이상인 경우에는 거세한 황소와 산양, 양 등의 가축을 수여한다. 단, 올림픽 유도경기의 대표선수 등 누구나 잘 아는 선수가 참가할 경우에는 말이나 낙타 등 보다 고가의 가축이 준비되는 경우도 있다. 이러한 축하의 제공자는 누군가 하면 그것은 쿠라쉬와 나우루즈를 즐기고, 그리고 활성화하려는 마할라 사람들이다. 또 쿠라쉬를 보기 위해서 찾아온 관객 수는 수 백명에서 수천명에 이른다. 이것은 전통유희 및 오락으로서의 쿠라쉬 인기를 여실히 반영하여 준다. 나아가 관객에게는 밀기울 및 곡물들을 재료로 하여 다려내는 전통 축하음식인 수말락을 제공한다. 한편, 토이 쿠라쉬(to'y kurashi, 결혼, 할례 등의 축하 잔치에서 개최되는 쿠라쉬)에서도 승자에게는 산양이나 양 등의 가축이 증정되지만, 주최자가 유복한 경우에는 수십 마리의 양이나 자동차 등 보다 고가의 축하상품이 준비되는 일도 있다. 그 때문에 올림픽이나 유도경기의 우즈베키스탄 대표선수를 이길 수 있는 실력을 가졌으나 경제적인 면에서 토이 쿠라쉬에 전념하는 프로선수도 있다고 한다.

제2부

전통무용

1. 전통무용의 어제와 오늘

춤은 인간의 심리, 감정, 철학, 경험 등을 반영하는 가장 일반적이고 감정적인 예술문화 중 하나이다. 그래서 우리는 춤을 통해 인간의 예술적 사상과 세계관을 이해하곤 한다. 또 각 민족의 전통무용 예술을 통해 해당 민족의 예술적 사상과 세계관을 이해할 수 있을 뿐만 아니라 춤과 함께 어우러지는 의상, 악기 등과 같은 물질문화도 함께 엿볼 수 있다. 춤은 과거 전통 사회를 구성했던 모든 부족의 구성원으로부터 대대로 전해지고 있다. 우즈베크 민속춤 역시 고대 우즈베크 민족의 역사와 전통을 반영한다.

우즈베키스탄 영역 내에 존재하는 다양한 정주문명 구성원의 지역적인 전통을 반영하는 우즈베크 전통무용은 예술의 가장 오래된 형태 중 하나로서 고대의 정주문명 공동체 시기부터 형성되었다. 우즈베크 전통무용은 고도로 발달한 주요 정주문명 지역인 마베란나흐르[1])를 중심으로 발전했다. 이 지역의 예술문화는 이란, 인도 문명뿐만 아니라 중세 아랍 동부의 전통과 연결되어 있었다. 특히 페르시아, 파르티아, 박트리아, 쿠샨, 아랍 등과 같은 여러 번성했던 제국에 전파되었던 마니교, 마즈다교, 조로아스터교, 불교, 이슬람과 같은 종교 문화로부터 큰 영향을 받았으며 쿠샨, 사만, 티무르, 샤이바니 왕조 등을 거쳐 그 고유의 장르와 형식을 가지게 되었다.

일반적으로 우즈베키스탄 역사학에서 무용 예술에 관한 연구 사료는 많지 않다. 비로소 1920~1930년대에 들어와 우즈베크 전통춤에 대한 본격적인 연구가 시작되었다. 특히 1930년대에 바흐타(I. G. Bakhta)가 본격적으로 전통적인 우즈베크 무용에 대한 연구를 시작했다고 할 수 있다. 그녀는 유수프 샤카르자노브(Y. Shakardzhanov)와 우스트 알림 카밀로프(U. A. Kamilov)의 전언과 자파리(G. Zafari)

---

1) 페르시아어로는 마베란나흐르(Maverannahr), 아랍어로는 마와라알나흐르(Mawara' al－Nahr), 영어로는 라틴식 표기를 이어받아 트랜스옥시아나(Transoxiana)라고 한다. 아무다리야 강을 고대 그리스어로 옥소스(Oxos) 강이라고 불렀고 라틴어로 '옥수스(Oxus) 너머의 땅'이라는 뜻의 트란스옥시아나라는 이름이 붙었다. 이 지역은 시르다리야와 아무다리야 사이에 위치한 지역을 지칭한다. 주로 지대가 낮고 평탄하며 건조하지만 강이 흐르는 곳은 토지가 비옥하여 고대부터 중앙아시아의 정주문명이 발달한 지역이다.

의 필사본, 시인 히슬라트(Xislat)가 타슈켄트와 페르가나 무용가에 대해 수집한 자료를 모아 연구집 『Katta o'yin(카타 오인)』을 집필했다. 또 유수프 샤카르자노프, 우스트 알림 카밀로프, 오타 호자(Ota Khoja), 마흐캄 하피즈(Makhkam Hafiz), 타마라 페트로샨(Tamara Petrosyan) 등 페르가나 학파의 전문가들이 연구에 대거 참여하면서 페르가나 전통춤이 현대 우즈베크 전통춤의 발전에 근간이 되었다.

1930년대부터 우즈베크 춤 전문가들은 페르가나, 부하라, 호레즘 세 지역 학파의 춤뿐만 아니라 우즈베키스탄 내에 존재하는 타지크 전통춤까지 모두 결합하기 시작했다. 1940년대 후반 아킬로프(I. Akilov), 투르군바예바(M. Turgunbaeva), 바라노브스키(E. N. Baranovsky) 등 현대 우즈베크 춤 전문가들은 결합한 모든 학파의 춤으로 무대공연을 만들었고 이것을 '우즈베크 춤'이라고 일컫기 시작했다.

1953년 이래로 아브데예바(A. Avdeeva)가 우즈베키스탄 무용 역사에 큰 축을 담당했으며, 아브데예바(L. Avdeeva), 라흐마노브(M. Rakhmanov), 카디로브(M. Kadyrov), 카리모바(R. Karimova) 등에 의해 심도 있는 연구가 진행되었다.

2. 전통무용 예술의 역사

기원전 1000년부터 이미 사마르칸트, 메르브, 박트리아 등 중앙아시아 정주 문명권역에는 이미 도시화가 진행되어 있었다. 고대 마베란나흐르의 오아시스 지역에는 정주민들이 거주했으며 스키타이, 사르마트, 마사게타이, 사크족 등 다양한 유목 부족이 대초원에서 유목 생활을 이어나갔다.

수 세기의 긴 시간 동안 이어진 무용 예술의 형태가 어떻게 형성되었는지 그 과정을 정확하게는 알 수 없을 것이다. 과거에는 무용 예술을 기록하는 데에 어려움이 있었기 때문이다. 단지 우즈베키스탄을 비롯한 중앙아시아 지역에 존재하는 고대 암각화와 궁전 벽화, 봉안당 등에 남겨진 다양한 유산을 통해서 우즈베크 무용 예술의 흔적을 찾아볼 수 있다. 특히 사마르칸트, 메르브, 톱라크-칼라, 펜지겐트, 아이르탐, 할차얀 등등 중앙아시아의 정주문명 권역에서 발굴되는 유물을 통해 과거 이 지역에 예술 문화가 고도로 발전되었다는 짐작할 수 있다.

대표적으로 우즈베키스탄에서 가장 오래된 암각화 중 하나인 수르한다리야의 자라우트사이와 나보이 주 카라타가의 남쪽에 위치한 사르미슈사이 암각화에는 춤추는 여인이 그려져 있다.[2] 또 과거 조상이나 토템을 숭배하는 의식의 한 부분으로 춤과 비슷한 동작을 취하는 사람들의 모습이 새겨져 있다. 이 외에도 페르가나 산맥의 쿠르가트 고개 근처에 있는 소이말리토쉬 동굴에서 발견된 4만 점이 넘는 그림 중에는 다양한 모습을 한 사람들이 춤을 추는 듯한 모습과 태양을 상징하는 원을 볼 수 있다. 예컨대 사람의 머리 대신 태양을 그려 넣거나 꼬리가 달린 사람들이 지팡이를 들고 태양을 숭배하는 춤을 추는 그림도 볼 수 있다.

고대 그리스 역사가 헤로도토스는 호레즘에 사는 마사게타이 부족에 대해 "아락스강(아무다리야) 강변에 사는 마사게타이들은 저녁에 불을 지피고 식물을 태워 그 냄새에 취해 불이 꺼질 때까지 춤을 춘다"고 기록했을 만큼 이 지역의 사람들에게 있어 춤은 사람들의 생활 속에 녹아있었다.

알렉산더 대왕의 중앙아시아 진출은 마베란나흐르의 예술문화에도 큰 영향을 주었다. 알렉산더 대왕은 정복지 주요 지점에 도시를 건설하고 그리스인들을 이주시키는 정책을 펴고 그리스인과 정복지 원주민 사이에 결혼을 장려했다. 이를 시작으로 헬레니즘 문화가 전파되어 보급되어 서로 다른 예술문화의 결합이 시작되었다.

6~7세기 무렵 실크로드의 상인이었던 소그드인들은 최고 전성기를 맞게 되는데, 특히 이들은 당과 페르시아를 연결하는 무역을 담당하면서 큰 부를 축적할 수 있었다. 큰 부의 축적은 예술문화의 발전으로 이어졌다. 투르키스탄[3]의 무용수들이 그들의 춤으로 중국 황제들을 놀라게 만들었고 당대 사마르칸트와 부하라의 통치자들은 전 세계에 존재하는 제국의 통치자들에게 음악과 춤에 능한 소녀들을 선물로 보냈다는 중국의 역사기록이 있을 만큼 과거부터 이 지역의 무용 예술 수준은 발전되어 있었다.

7~8세기 이후 아랍의 중앙아시아 진출로 이슬람이 빠르게 확산하면서 예술문화에도 페르시아－조로아스터교 요소에 아랍－이슬람적 요소가 가미되기 시작

2) 자라우트사이 암각화는 중석기, 사르미슈사이 암각화는 신석기 시대 유물이다.

3) "투르크의 땅"이라는 뜻으로 과거 역사적으로 중앙아시아 지역을 부르던 표현이다.

했다. 하지만 잦은 전쟁과 침략으로 카라한, 가즈나, 셀주크, 호레즘샤 등 투르크계 왕조의 탄생과 몰락이 반복되면서 혼란의 시기를 겪어야 했다. 특히 13세기 몽골의 출현은 당대 문화 중심지였던 마베란나흐르 지역의 예술문화 역시 일시적 암흑기를 맞이해야만 했다.

이 지역의 예술 문화가 다시 번성할 수 있는 발판을 마련한 인물은 아미르 티무르였다. 14세기 아미르 티무르가 중앙아시아를 통일하고 정치적 통합을 이루어내면서 경제와 예술 문화를 안정시킬 수 있었다. 그는 언제나 중앙아시아의 유목 정권의 경제적 기반이 되었던 오아시스와 도시의 경제적 중요성을 인지하고 있었다. 그 때문에 수도인 사마르칸트에 궁전과 모스크, 마드라사, 바자르(시장)를 건설하고 도로를 정비하는 등 도시를 발전시켰다. 자연스럽게 티무르와 그의 후계자들이 일군 화려한 도시의 궁정으로 당대 일류 학자들과 예술가들이 모여들었고, 무용 예술도 궁정 문화의 하나로 크게 발전할 수 있었다. 특히 그동안 중앙아시아 여러 지역에 서로 다른 형태로 존재했던 춤 동작들이 여러 지식인의 노력으로 일반화되고 양식화되었다.

동방 르네상스 시대를 연 티무르는 그의 통치 동안 마베란나흐르와 호라산(Khorasan)의 예술 문화 사이에는 집중적인 상호작용이 있었다. 이러한 상호작용은 특히 연극문화 예술에서 가시적이고 긍정적인 결과를 가져왔으며, 마베란나흐르, 호레즘, 페르가나 지역의 예술문화에서 투르크 민족의 역할은 점점 더 두각을 나타냈다.

도시 문화의 부흥과 발전은 많은 사람이 유목에서 정착 생활로 생활방식을 전환하게 만들었다. 그 결과 공연예술문화 분야의 발전을 위한 인적토대가 마련되었다. 특히 14~15세기에는 수백 명의 음악가, 가수, 공연자, 무용수 및 공예 예술가 등이 참여한 대규모 연극 행사와 카니발 행렬이 큰 인기를 얻었다. 티무르와 그의 후손들은 모든 군사적 승리, 외교적 성공을 기념하는 행사(to‘y)와 축일(bayram)로서 기념했다.[4]

4) 토이(to‘y)는 투르크어로 '잔치'이며, 투르크어를 사용하는 사람들 사이의 축제, 행사를 의미한다. 바이람(bayram)은 페르시아어 paδ rām(휴일)에서 유래한 단어이다. 세속적으로 중요한 날을 의미하기도 하지만 이슬람의 명절을 의미하기도 한다.

가장 큰 축하 행사와 휴일은 사마르칸트, 헤라트(Herat), 샤흐리사브즈(Shakhrisabz)에서 열렸다. 도시를 정돈하고 광장에는 텐트, 파빌리온, 정자 등과 같은 대중을 위한 임시 구조물이 거리에 세워졌다. 이러한 축하 행사에 모이는 군중이 무려 수십만 명에 달했다고 한다.

1404년 아미르 티무르가 사마르칸트에서 손자들의 결혼식을 위해 마련한 축하 행사에 참석한 당대의 저명한 교육자이자 과학자였던 야즈디(Sh. Yazdi)가 쓴 시에서 광장의 모습을 엿볼 수 있다.

"가마를 짊어진 낙타들이 있었다.
두 명의 무용수가 그 위에 올라서 있었다.
그들 모두의 볼은 달을 부끄럽게 할 것이다.
그들의 애교는 믿음과 마음에 위협이 될 수 있다.
그들 각자의 손에는 부벤(탬버린)이 들려 있었다.
부벤을 칠 때마다 사람들의 마음을 빼앗아갔다.
부벤을 치고 발을 구른다.
그것은 마음에서 평화를 휩쓸었다.
그들의 공연과 춤은 그 자리에 모인 사람들 사이에 혼란을 일으켰다."

미르조 울루그벡(Mirzo Ulugbek, 1394－1449) 치세에는 마베란나흐르에서 그리고 후사인 바이카라(Husayn Baykara, 1469－1506)의 치세에는 호라산에서 공연예술이 번성했다. 대도시에서는 대규모 예술가 모임이 생겨났고 식당, 대강당, 광장 등 여러 곳에는 특별한 무대가 꾸며졌다. 도시 외부에도 큰 명절이나 기념일에 공연을 펼칠 수 있는 장소가 마련되었으며, 통치자의 궁전에는 예술 극단이 상주했다.

한 가지 흥미로운 점은 이슬람화가 진행된 사회에서도 미르조 울루그벡은 여성들이 궁전에서뿐만 아니라 대중 잔치에서 공연하는 것을 허용했다는 것이다. 심지어 사마르칸트의 이슬람 법학의 권위자인 셰이흐－울－이슬람(Sheikh－ul－Islam) 조차도 남녀 합동 공연을 멸시하지 않았는데, 이러한 모습은 당시 다양한 종교를 인정했던 사회적 분위기를 보여주기도 한다.

이후 마베란나흐르에서는 부하라, 히바, 코칸드 3개의 독립적인 칸국이 형성되면서 궁정 무용은 시간이 지날수록 서로 다른 색채가 더해져 서로 다른 모습으로 발전하게 되었다. 19세기의 궁정 무용은 그 어느 때보다 화려하고 다양한 양상을 보여주었다.

페르가나의 '카타 오인(Katta o'yin)', 부하라의 '부호르치 장기(Buxorchi zangi)', '마브리기(Mavrigi)' 그리고 호레즘의 '라즈기(Lazgi)'와 같은 복잡한 형태와 심미적 내용의 춤이 주를 이루었다. 여기에 여러 전통악기 연주가 어우러진 마콤(Makom)에 맞춰 추는 만큼 춤까지 더해지면서 우즈베크 무용 예술의 모습이 다채로워졌다.

19세기 러시아의 대사 이브라기모프(I. Ibragmov)는 당시 부하라와 코칸드에서 유행했던 궁정 무용 중 하나인 케마 오인(Kema o'yin, 작은 배)을 보고 극찬을 아끼지 않았다.5)

"무용수들의 다리뿐만 아니라 전신의 근육도 춤추는 듯한 인상을 받는다.
무용수의 표정은 매우 표현력이 풍부하다.
그들은 춤의 일반적인 패턴을 명확하게 유지하고, 움직임은 일사불란하다.
이 모든 것이 놀랍도록 아름답고 은혜로운 그림을 만들어낸다.
장식된 작은 배에 자리를 잡고 한 줄로 늘어선 60명의 사람은 경쾌한 음악
소리에 맞춰 작은 걸음으로 뼈 없는 뱀처럼 구부러져 움직인다.
그들은 40번에서 50번의 원을 그리면서도 같은 패턴을 유지한다."

20세기 초 중앙아시아에서 나타난 사회·경제적 변화와 함께 진행된 새로운 문명의 침투는 전통 예술의 발전에 큰 영향을 주었다. 고유의 전통적 무용 예술에

5) 케마 오인은 작은 배가 거친 파도로 돌진해 소용돌이에 빠져 좌초되고, 이후 잔잔한 파도에 흔들리는 배의 모습을 연출한 춤이다. 이브라기모프의 기록에서도 볼 수 있듯이 많은 무용수가 작은 배 모형 위에서 추는 춤이다. 이러한 면에서 무대, 음악, 춤이 함께 어우러진 일종의 완성된 공연의 형태를 갖추고 있다. 또 보통 밤에 뱃머리와 꼬리에는 등불을 달아 화려함을 더한 것으로 기록되어 있다.

새로운 양식의 무대와 음악이 더해져 새로운 공연문화가 만들어졌다. 또 새로운 사회 건설에 대한 열정, 계급 투쟁, 노동, 반봉건주의 프로파간다, 집단주의 사상, 젠더 문제 등 사회·문화적 현상들이 무용 예술에 스며들기 시작했다.[6)]

혁명 직후인 1920년대에는 많은 전문 예술가들과 아마추어 예술가들이 붉은 군대의 일부로 회의, 군중집회 등에서 공연을 통해 프로파간다에 힘썼다. 예컨대 여성의 새로운 사회적 지위 형성을 위한 '후줌 운동'[7)]이 사회적으로 큰 반향을 불러일으키면서 점차 여성들도 대중들 사이에서 온전히 그들을 드러낼 수 있었다.

하지만 이러한 변화도 단 한 순간에 변한 것은 아니었다. 어린 소녀들은 부르카를 벗고 예술가가 되어 무대에 올라가기를 열망했지만, 극단에서 활동을 시작한 한 여배우가 살해당하는 일이 발생할 만큼 당시 사회적 분위기는 너무나도 폐쇄적이었고 혼란스러웠다.

라히모바(G. Rakhimova)는 그녀의 책 『Doroga(길)』에서 1920년대와 1930년대의 우즈베크 예술가들의 사회적 활동에 대해 "그 당시에는 그냥 무용수나 음악가가 되는 것은 불가능했다. 우리는 모두 새로운 삶을 위한 선동가였다"라고 회고하기도 했다.

한편 소비에트식 무신론에 입각한 종교 탄압과 소비에트화는 예술문화 분야의 탄압으로 이어졌다. 각 지역의 수백 명에 달하는 예술가는 정부의 뜻대로 그룹화되었으며 각 그룹 안에는 관리자를 두었다. 경찰서에는 예술 분야 전문 부서가 신설되었다. 예술가들이 공연을 하기 위해서는 각 지역의 경찰서장과 행정청으로부터 허가를 받아야만 했다. 일반 시민들 역시 축일에 극단의 공연을 원할 경우 당국에 극단 파견을 요청해야 했으며 공연비를 지불해야만 했다. 오랜 기간 이어진 이러한 탄압으로 과거부터 종교적 영향을 크게 받았던 우즈베크 전통춤이 오늘날까지 온전하게 전해질 수 없는 비극을 낳게 되었다.

그럼에도 불구하고 수 세기 동안 우즈베크 전통춤이 대대로 전해질 수 있었

---

6) 'Kizil Asker(키질 아스카르, 붉은 군대)'라는 춤과 여성 해방 등을 주제로 안무가 만들어졌다.

7) 1920년대 중앙아시아 소비에트 사회주의 체제 수립의 시기에 여성 격리의 상징인 베일에 대한 '공격'을 뜻하는 여성 해방 운동이다. (후줌 운동에 대한 자세한 내용은 기계형. (2011). 중앙아시아의 민족, 젠더, 그리고 베일: 1920년대 우즈베키스탄의 후줌(Hujum)운동을 중심으로. 역사와경계, 79, 329–369. 참고)

던 이유는 전문 민속 무용수를 비롯한 아마추어 무용수의 노력과 각 가정과 공동체 내에서 조심스럽게 춤을 전수했던 사람들의 의지 덕분이었다.[8] 예컨대 1950년대 초반으로 돌아가 보면 '자르코쿨(Jarkokul)' 선율에 맞춰 소녀들이 둥글게 도는 춤(강강술래 같은), 램프를 들고 점을 치는 춤 '치로기 락스(Chirogi Raqs)', 철새들이 모이는 호숫가에서 가을 놀이를 즐기면서 저녁에는 'Galalaylim(갈랄라일림, 새 시장)'과 '흰 새 사냥'을 묘사한 춤을 추었던 것을 기억하는 노인들을 볼 수 있다. 그러나 당시 그 누구도 이러한 춤을 도심이나 시골 광장 등 공개적인 장소에서 추지 않았기 때문에 지금은 나이 많은 노인들조차 비밀 모임인 '후피야 바즘(Xufiya bazm)'만을 기억할 정도이다.

이렇듯 우즈베크 전통무용 예술은 복잡한 역사 전개와 함께 다양한 문화들이 접목하고 변화하면서 발전할 수 있었다.

3. 전통무용의 다양성: 락스(Raqs)와 오인(O'yin)

19세기와 20세기 초반에 우즈베크 무용 예술에 대한 본격적인 연구가 진행되어 그간 복잡했던 모습에 체계화가 어느 정도 진전을 이루었다. 물론 우즈베키스탄의 오랜 역사와 다양한 문화의 접합으로 만들어진 다양한 형태의 모든 전통춤을 명확하게 구분하기란 쉽지 않다. 따라서 그 경계가 모호하거나 춤의 내용이나 장르에서 차이를 보임에도 불구하고 동일한 명칭을 가지고 있어 혼란을 일으키는 경우도 더러 발생한다.[9]

이러한 연구가 시작되면서 우즈베크 전통춤 전문가들은 우즈베크 전통춤을 크게는 전통고전무용인 '말라칼리 락스(Malakali raqs)'와 민속춤인 '할크 오인라르(Xalq o'yinlari)' 두 가지로 구분하였다.[10] 또 전통고전무용은 선호하는 이미지, 춤

---

8) 민속 무용수는 '골립(Golib)', 전문 남성 무용수는 '락코스(Raqqos)', 전문 여성 무용수는 '락코사(Raqqosa)', 아마추어 무용수는 '오인치(O'yinchi)'라고 불렀다.

9) 분류화 작업이 어느 정도 진행된 것으로 보이나 각각의 춤 종류가 어떤 범주에 속하는지 종합적으로 정리된 내용은 찾아볼 수 없다. 학자에 따라 지역별 학파를 기준으로 분류하기도 하고, 락스와 오인을 기준으로 분류하기도 한다.

10) 우즈베크어 '말라칼리 락스(Malakali raqs)'를 직역하면 '전문화된 무용'이다.

형식 그리고 특수한 규칙을 가진 독창적인 체계에 따라 페르가나(Fergana), 부하라(Bukhara), 호레즘(Khorezm)의 세 학파로 세분화하였다.

전통고전무용인 락스는 무대에서 영웅의 일대기 혹은 업적 등을 춤으로 표현하여 대중들에게 하나의 이야기를 전해주는 고전적인 형태의 춤이다.[11)]

모든 학파에서는 공통적으로 넓은 장소에서 추는 'カ타 오인(Katta o'yin, 큰 춤)'과 거실이나 안뜰에서 추는 '키칙 오인(Kichik o'yin, 작은 춤)' 두 가지로 춤의 장르를 구분한다. 카타 오인은 영웅적인(영웅의 업적이나 일대기를 보여주는) 춤, 키칙 오인은 서정적인 음악과 함께 추는 춤으로 정의되기도 한다. 특히 페르가나에서 이러한 모습이 두드러지게 나타난다.

카타 오인은 여성이든 남성이든 상관없이 정열적인 느낌을 주는 반면 키칙 오인은 서정적인 감성을 가지고 있다. 페르가나, 부하라, 호레즘 춤은 각각의 장르와 특징을 가지고 있다. 하지만 정확한 리듬, 명확한 스텝, 손과 팔 동작으로 표현력을 극대화하는 모습은 공통점이라 할 수 있겠다.

카타 오인에는 안디잔 지역민의 억압에 대한 내용을 담고 있는 알로몬(Alomon), 초원 유목민의 곤경에 대해 이야기하는 차판도즈(Chapandoz), 그리고 얄란고요크(Yalangoek), 비르쿠즈 (Birkuz)라는 춤이 잘 알려져 있다.

전통고전무용에는 카타 오인 외에도 라즈기(Lazgi), 타노바르(Tanovar), 무노자트(Munodjat), 딜히로즈(Dilhirozh) 등이 대표적이다. 또 큰 춤에는 카타 오인(Katta o'yin), 부호르차 장(Buxorcha zangi), 마브리기(Mavrigi)가 있다.[12)] 부호르차 장은 춤과 노래를 함께 하는 공연 형식의 춤으로 결혼식, 약혼일, 할례의식과 같은 다양한 축일에 공연되었다.

한편 민속춤인 오인은 신앙, 습관, 풍속 등과 관련된 춤으로 사냥이나 전쟁 또는 인간의 염원을 담은 특정 의식에서 시작된 춤이다. 따라서 이러한 춤은 과거 이 지역에 서식하는 동물을 묘사하거나 동물과 관련된 '동물 춤', 사람들이 일하는 모습 또는 직업 등을 표현하는 '모방 춤', 혹은 사냥, 전쟁 승리, 장례 등 의식

---

11) 이 외에도 카라칼팍 학파를 따로 구분하기도 한다. 우즈베크 전통 무용 전문가들이 이에 대한 연구를 진행하고 있지만 아직은 그 성과는 잘 알려지지 않고 있다.

12) 큰 춤 – 'Katta o'yin' 장르 범주 안에 같은 이름의 'Katta o'yin' 춤이 속해있다.

과 관련된 '의식 춤'으로 구분할 수도 있다. 오인은 시기적으로도 가장 앞서기 때문에 현존하는 모든 우즈베크 전통춤의 기본이 된다는 점에서 매우 중요하다.

또 고대부터 일종의 극장 무언극에서 시작하여 18~19세기에 큰 인기를 끌면서 본격적으로 발전한 장르인 마스하라보즈(Maskharaboz) 춤들도 모두 민속춤으로 구분한다. 마스하라보즈는 일상에 존재하는 소재를 유머러스하면서 해학적으로 표현하는 무언극과 우리가 흔히 알고 있는 서커스 동작, 동물 모양의 가면과 의상을 입고 펼치는 무언극 모두를 포함하는 장르라고 볼 수 있다.

오인 중 지금까지 잘 알려진 춤으로는 하이본 우파리(Xaivon ufari), 셰르보지(Sherboji), 이르몬 보지(Irmon boji), 타클리드 우파리(Taqlid ufari), 얄라(Yalla), 라파르(Lapar), 투즈 토부크 오인(Tuj tobuk o'yin), 오트 오인(Ot o'yin), 타클리드 우파리(Taklid ufari), 카르삭 우파리(Karsak ufari), 오타쉬 오인(Otash o'yin) 등이 있다.[13)]

4. 전통무용과 악기

우즈베크 전통춤은 관악기, 현악기, 타악기 등 여러 종류의 전통악기 반주에 따라 수행된다. 종종 노래(Yalla)가 기악 반주에 덧붙여진다. 특히 도이라(Doira), 나고라(Nagora), 카이락(Kayrak)과 같은 타악기가 대표적인데, 이 중에서도 도이라는 다른 악기와도 함께 연주되기도 하지만 독주 악기로도 사용된다.

도이라

13) 이 춤들에 대해서는 지역별 구분에서 살펴보도록 한다.

도이라는 중앙아시아뿐만 아니라 이란, 중국, 중동 지역에 널리 분포되어 있다. 우리가 흔히 알고 있는 탬버린과 비슷한 모양을 가지고 있지만 한 면을 가죽으로 덮어 손가락이나 손바닥으로 두드려 소리를 낼 수 있다. 크기는 매우 다양하지만, 평균적으로 지름 40cm 크기가 일반적이다. 프레임은 보통 말린 포도나무를 사용하고, 이 외에도 드물게 너도밤나무, 호두나무, 살구나무 등 다양한 종류의 나무를 쓰기도 한다. 안쪽에는 여러 개(보통 40~100개)의 동그란 금속 고리를 달아 금속끼리 부딪치는 소리를 만들어낸다. 전통적으로 도이라는 큰 울림과 뚜렷한 소리를 내기 위해서 불 근처 혹은 태양열 아래에 악기를 두어 가죽을 건조하게 만들고 프레임의 장력을 높인 후에 사용하기도 한다.

일반적으로 페르가나, 부하라 전통춤에서 도이라 연주에 맞춰 추는 춤이 많이 존재한다. 지금까지도 우즈베키스탄에서 유행하고 있는 도이라 연주에만 맞춰 추는 춤으로는 '카타 오인(Katta o'yin)', '필라(Pilla)', '라르존(Larzon)', '나고라(Nagora)' 등이 대표적이다.

나고라는 항아리 모양의 도자기 프레임에 가죽을 씌운 악기이다. 나고라 역시 다양한 크기를 가지고 있지만, 특별히 크기에 따라 낮고 깊은 소리를 내는 돌-나고라(Dol-nagora), 중간 음역 소리를 내는 코스-나고라(Kos-nagora), 고음을 내는 레즈-나고라(Rez-nagora) 등 세 가지 종류로 구분한다. 나고라는 도이라와는 달리 독주 악기로는 거의 사용되지 않으며 보통 카르나이(Karnay)나 수르나이(Surnay)와 같은 목관악기와 함께 연주한다.

카르나이와 수르나이는 대표적인 우즈베키스탄의 대표적인 관악기이다. 카르나이는 동이나 구리로 된 민속 금관악기로 타지키스탄에도 널리 퍼져있다. 총 길이는 일반적으로 2m, 길게는 3m 정도로 지역에 따라 편차가 큰 편이다. 카르나이는 마우스피스, 관, 파이프 세 부분으로 나누어져 있다. 카르나이는 강한 소리를 내기 때문에 야외에서 주로 연주한다. 고대에는 전쟁의 시작을 알리거나 병사의 사기를 높이는 도구로 사용되었으며 페르시아의 샤(왕) 혹은 장군의 퍼레이드에서도 주로 사용된 것으로 알려져 있다.

수르나이는 카르나이와 달리 목관악기이지만 취구는 금속으로 만들어진 것이 특징이다. 악기의 길이는 약 45~55cm이다. 수르나이의 기원은 고대 페르시아 아케메네스 왕조의 잠시드 왕이 만든 것으로 알려져 있다. 서아시아, 중앙아시아, 아프리카 등지에 주르나(Zurna), 소르나(Sorna), 수르나이(Surnay) 등과 같은 이름으로 널리 퍼져있다. 우리의 태평소도 수르나이가 중동에서 중앙아시아를 거쳐 고려에 전해진 것이다.[14] 카르나이와 수르나이는 함께 연주되는 경우가 많다. 또 우즈베키스탄 민담이나 전래 동화에도 종종 등장하는데, 연회와 같은 축하하는 자리임을 나타낼 때 혹은 귀한 손님을 융숭하게 맞이할 때 "카르나이와 수르나이로 (손님을) 맞이했다"라는 표현을 사용하곤 한다.[15]

카이락과 장기는 가장 단순한 형태의 악기로 그 역사 역시 깊다. 또 비교적 단순한 연주법으로 여러 노래 반주에 사용하는 악기이다. 카이락은 돌이나 금속판으로 되어있는 캐스터네츠와 유사하다. 카이락은 보통 우술(Usul)이라는 리듬에 맞추어 연주되며 노림－노림(Norim－norim), 나고라(Nagora), 랴간 오인(Lyagan o'yin)을 추는 무용수들은 한 손에 카이락 한 쌍 혹은 두 쌍을 들고 춤을 춘다. 장기(zangi)는 방울이 달린 팔찌 혹은 발찌를 말한다. 장기는 장식품인 동시에 춤의 리듬에 맞춰 강약을 조절할 수 있고 부드럽거나 혹은 날카롭게 소리를 내어 춤에서 보여주고자 하는 감정을 표현해줄 수 있는 악기이다.

장기에 대한 정확한 기원은 알 수 없지만, 고고학적 발굴에 따르면 고대 요새 도시 유적인 캄피르테파와 현재 타지키스탄 영토에 속한 유적지 판지켄트에서 금과 비철금속으로 만든 구형 모양의 장기와 배 모양의 장기가 발견된 것으로 미루어 보아 이 지역에서도 오래전부터 장기를 사용한 것으로 보인다. 고대 사람들은 악령들이 방울 소리를 두려워한다고 믿었다. 그리스 로마인들은 방울을 디오니소스의 아들이자 정원과 들판의 신인 프리아포스 조각상에 부착했으며 바쿠스(Bacchic) 신비의식에 사용했다. 고대 그리스 군인들은 방울이 마법의 힘을 지녔다고 믿어 방패에 방울로 장식을 하기도 했다.[16]

---

14) https://webzine.kotpa.org/vol17?mod=document&pageid=1&uid=1781
15) https://hititler.tistory.com/323
16) http://www.feiruzdance.ru/uzbek-dances/ (2022.05.30.검색).

두타르는 페르가나, 마르길란 그리고 코칸드 여성들이 얄라와 라파르를 출 때 반주로 많이 사용되는 악기이다. 두타르는 이란, 아제르바이잔, 신장, 캅카스 등 중앙아시아와 남아시아에서 널리 사용하는 현악기이다. 길이는 일반적으로 115~120cm 정도로 배(船舶) 모양의 울림통에 길쭉한 지판을 가지고 있다. 나망간과 안디잔 지역에서는 얄라치(얄라를 부르는 사람)가 두타르를 거의 사용하지 않고 도이라에 맞춰 노래하고 춤을 춘다.

두타르

5. 부하라, 호레즘, 페르가나 전통춤

우즈베키스탄의 전통춤을 지역에 따라 구분하자면 우즈베키스탄을 구성하는 전통 공동체인 3개 칸국 각각의 중심 지역이라 할 수 있는 부하라, 호레즘, 페르가나 춤 등으로 구분할 수 있다. 하지만 문화의 전파성과 연속성을 고려할 때 특정한 하나의 전통춤이 반드시 한 지역에서만 계승, 발전된 것은 아니다. 예컨대 마스하라보즈 장르의 춤 중에서 조로아스터교의 영향을 받은 불을 내뿜는 동작을 하는 오타쉬 오인(Otash o'yin)은 우즈베키스탄 여러 지역에서 볼 수 있다. 또 땅다람쥐속이 사냥을 마치고 그들의 보금자리로 돌아가는 모습이나 굴 근처에서 경계를 서는 모습 등을 표현한 '이르몬 보지(Yirmon bozi, 땅다람쥐속 춤)', 말을 타거나 말과 함께 춤을 추는 오트 오인(Ot o'yin)은 현재 호레즘과 부하라 지역 모두에서 찾아볼 수 있다. 뿐만 아니라 같은 이름의 춤이라도 지역에 따라 다르게 전해져 오늘날 다른 내용과 모습을 보이는 춤도 일부 존재한다.

그럼에도 불구하고 우즈베크 전통춤은 각각의 지역마다 특색을 가지고 있으며 지금까지 국내에는 잘 알려지지 않은 것을 고려하여 현재 각 지역의 대표적인 전통춤들을 소개하도록 한다.

부하라(Bukhara) 전통춤

중앙아시아 정주문명 전통공동체들 가운데 가장 문화자산을 많이 가지고 있었던 부하라 칸국의 전통문화유산 가운데 상당수는 현대의 우즈베키스탄으로 계승되고 있는데, 우즈베키스탄 부하라 지역의 전통무용에는 이러한 부하라 지역의 고대로부터의 역사와 문화가 공동체 구성원들의 삶과 긴밀하게 연결되어 있다. 부하라 전통무용은 복잡한 동작으로 구성이 되어있는데, 대부분 손동작과 함께 다양한 도구를 활용하고 있는 전형적인 정주문명 전통무용의 특성을 잘 보여주고 있다.

부하라 전통무용은 과거 페르시아 제국 변방 공동체 시기부터 현재의 부하라 지역의 영역에서 형성되고 발전되어 그 역사도 가장 길다고 할 수 있다. 또 8세기 말에 이 지역으로 퍼진 이슬람 수피즘의 영향을 받은 모습도 찾아볼 수 있다. 수피즘은 다른 이슬람 종파와는 다르게 전통적인 교리학습이나 율법보다는 현실적인 방법을 통해 신과 합일을 이루어내는 것을 최고선으로 여긴다. 수피의 데르비쉬(dervishes, 이슬람 수도사)는 열성적인 디크르(Dhikr)와 사마(Sama)[17]의 맥락에서 집단 춤을 추었는데 오늘날 튀르키예(터키)에서 볼 수 있는 일명 수피댄스(Sufi Whirling)도 이러한 배경에서 탄생한 것이다.

부하라 춤은 활기차고 열정적이면서도 공격적인 그림 같은 움직임을 보이는 것이 특징이다. 또 제자리에서 부드럽고 힘차게 반복해서 회전하는 동작, 강한 느낌을 주는 발걸음, 때로는 정확하고 날카로우며 때로는 부드럽고 유연하면서 정

17) 디크르는 이슬람의 연도(連禱)로서 신을 칭송하거나 신조를 말하는 등의 일정한 말을 소리 내어 염송하는 예배의 한 동작이다. 사마는 신과의 합일을 이루기 위해서 특정한 구절 등을 제창하는 것으로 이슬람 초기에 수피들이 회합해서 특정 구절을 제창해서 망아의 경지를 추구하였는데, 이와 같은 근행을 사마라고 하였다. (각각 네이버 두산백과, 종교학대사전 참고, 검색어: 디르크, 사마) (2022.06.01.검색).

교한 손동작, 손뼉치기 등과 같은 다양한 요소로 짜여있다. 움직임의 순서는 춤의 종류와 장소에 따라 달라진다.

무용수들은 마치 빛 에너지를 얼굴, 팔, 어깨, 가슴으로 흡수하는 것처럼 자세를 취한다. 종종 머리를 하늘로 던지듯 치켜들고 어깨는 편 채 뒤로 젖히는 자세를 취한다. 부하라 춤을 추는 사람들은 살아있는 온몸의 근육을 느끼며 몸, 팔, 다리의 움직임으로 복잡한 패턴을 그리며 상체의 움직임을 강조한다.

부하라 춤은 동작의 부드러움과 흐름을 중요시하는 페르가나 춤과는 반대로 동작의 명확함, 완전성을 더 중요시한다. 또 에너지와 열정이 느껴진다는 점에서는 호레즘 춤과 유사하다. 하지만 무용수의 움직임에서는 확연히 다른 모습을 보인다. 특히 오랜 역사를 가지고 있는 만큼 부하라 춤에는 원시적 형태의 춤이 남아있다.

또 다른 특징 중 하나는 전통적으로 화려한 의상을 입는다는 것이다. 금색 자수로 장식된 값비싼 천으로 만든 튜닉[18]과 부하라 풍의 티아라, 목걸이, 귀걸이, 반지, 팔찌 등 화려한 악세서리를 착용한다. 또 화려한 자수와 스카프가 어우러진 머리 장식과 스카프를 착용하기도 한다. 이러한 모습은 과거 부하라의 궁중무용 문화에서 비롯되었다고 할 수 있다.

부하라 춤은 여성과 남성의 춤으로 명확하게 구분하는 움직임은 거의 찾아볼 수 없지만 동작의 성격은 다르다. 경추의 움직임, 어깨, 팔, 손 동작 그리고 회전 동작과 걸음걸이에서도 차이를 보이는데 남성의 경우에는 정열적이고 강한 의지가 있는 듯한 모습을 보인다. 남성 춤의 특징적인 동작으로는 풍성한 느낌의 찌르기, (반)회전, 곧게 선 자세, 손뼉치기 등이 있다.

한편 여성의 경우 비교적 가볍고 유연한 모습을 보인다. 부하라 춤 중에서 여성이 추는 춤으로는 '자민 보지(Zamin bozi, 땅의 춤)'가 가장 널리 알려져 있다. '땅의 춤'이라는 이름에서 알 수 있듯이 무릎을 꿇고 앉아서 추는 춤이다. 무릎을 꿇고 앉은 채 몸을 상하로 움직이는 동작을 취하면서 어깨는 부드럽게 흔들고, 손가락으로는 땅을 만지는 듯한 동작을 하는 아름다운 춤이다. 부하라 여성들은 공

18) 목에서 무릎까지 내려오는 헐렁하고 짧은 여성용 블라우스 또는 코트이다.

연에서 카이락, 장기 두 악기를 추가로 사용하기도 한다.

부하라 춤은 팔 동작으로부터 시작된다고 할 수 있을 만큼 팔의 움직임을 중요시한다. 또 브릿지 모양으로 다리 구부리기, 몸통을 원형으로 회전하기 등과 같은 다양한 동체 동작과 함께 꾸밈 있는 자세와 곡예스러운 요소로 잘 짜여 있기 때문에 한 자리에서 벗어나지 않고 제자리에서 출 수 있다.

부하라 춤 중에서 가장 어려운 춤으로 꼽히는 것은 '라르존(Larzon, 손바닥을 떠는 춤)'이다. 몸에 다양한 장식을 한 무용수들이 맨발로 춤을 추는데 무용수는 불을 연상시키듯 몸의 모든 부분을 흔들면서 추는 춤이다. 각각의 동작에는 다음과 같은 고유한 명칭이 있다.[19]

- 사리조누보지(Sarizonubozi): 무릎 춤, 빠르게 땅에 무릎을 꿇는 동작
- 옐카 코키시(Elka kokish), 오스틴보지(Ostinbozi): 몸을 옆과 뒤로 기울이는 동작
- 카즈라프토르(Kazhraftor): 가슴 춤, 몸을 원형으로 그리며 움직이는 동작
- 카프트 라르존(Kaft larjon): 무릎 꿇고 걷기, 앉거나 서서 발가락을 흔드는 동작
- 시나라르존(Sinalarzon): 반쯤 앉은 상태에서 오른쪽에서 왼쪽으로 흔드는 동작
- 쿨반드(Kulband): 새끼손가락 걸기
- 페쇼나보지(Peshonabozi): 머리 춤, 머리를 흔드는 동작
- 도만보지(Domanbozi): 옷자락을 흔드는 동작
- 카프타프숀(Kaftafshon): 끝없는 흔들림
- 카르스(Kars): 박수, 쿠쉬 카르스(Kush kars) – 2중 박수
- 차르크(Charkh): 물결과 같은 모습의 동작
- 카담(Kadam): 걸음

19) http://ich.uz/en/ich-of-uzbekistan/national-list/domain-2/282-bukhara (2018.06.05.검색).

니코바 발레단 단원들이 선보인 부하라 무용

부하라 전통춤 중에서도 오랜 역사를 지닌 민속춤으로는 셰르보지(Sherbozi, 사자 춤)와 카르삭 우포리(Karsak Ufori)이 있다. 셰르보지는 한 명의 연기자가 여러 캐릭터를 표현하는 춤이다. 셰르보지는 춤의 형태나 이름으로 보아 의심할 여지 없이 고대의 토테미즘과 사냥을 위한 신비한 의식과 관련된 춤이다.[20] 우즈베키스탄에서 셰르보지는 일종의 공연 예술로 발전하였는데 가면, 꼬리 등 사자의 모습을 묘사하는 악세서리를 착용하고 공연을 하기도 한다.

카르삭 우포리(Karsak Ufori)는 부하라, 수르한다리야, 카쉬카다리야 지역에서 축일에 추었던 춤이다. 부하라와 수르한다리야에서는 카르삭 우포리를 라칼락(Lakalak) 그리고 춤 차하랄라(Chum Chahala)라는 이름으로도 알려져 있다. 과거에 카르삭 우포리는 특히 농민층 사이에서 할례의식, 축제, 결혼식 등 각종 잔칫날에 추는 대표적인 춤이었다. 이 춤은 5~10명의 사람들이 서로 붙어 둘러서서 손뼉을 치면서 천천히 원을 그리며 움직이고, 사람들은 이러한 모습을 모닥불 주위에 둘러앉아 구경한다. 손뼉을 치면서 추는 춤은 고대에 악기가 없을 때 반주 역할을

20) 부하라 지역은 타지키스탄과 역사적 민족적 유사성으로 셰르보지는 현재 타지키스탄에서도 타지크 전통춤으로 여겨진다.

대신했다는 점에서 카르사크 우포리는 고대로부터 이어져 내려온 춤이라고 할 수 있다.

부하라 전통무용수들이 부하라의 모든 춤을 바즘－오로(Bazm－oro), 주라 바즘(Jura Bazm), 마록치(Marokchi) 등 세 가지 종류로 구분한다는 점은 흥미롭다. 바즘오로는 전문가가 추는 서정적인 내용의 춤, 부자의 잔치를 '장식'하는 춤이다. 주라 바즘은 전문가가 추는 가난한 동네나 친선 파티에서 좋은 분위기를 조성하는 데 도움이 되는 희곡 춤과 서정적인 춤이다. 마로크치는 민족 축제에서 도시와 시골의 광장에서 전문가와 아마추어가 추는 축하 춤이다.

호레즘 전통춤

우즈베키스탄 호레즘 지역의 전통춤은 팔과 다리 동작이 다양하게 구성되어 있으며, 멜로디의 특성상 빠른 리듬의 변화로 다른 지역의 춤에 비해 역동성이 느껴진다.

호레즘 지역은 현재의 우즈베키스탄 북서부로 이곳은 중동 쪽에서 중앙아시아 이어지는 실크로드 교역로의 중앙아시아 정주문명지대 서중부 거점이라 할 수 있는 히바가 위치하고 있다. 지리적으로 보면 중앙아시아 정주문명 지대 가운데 페르시아 제국 영역에 가장 가까운 지역의 특징을 가지고 있기 때문에 전통문화에서도 이러한 요소들이 오늘날까지도 많이 계승되고 있다. 이러한 맥락에서 호레즘의 음악 예술은 매우 뿌리 깊다. 이슬람 유입 이전의 중앙아시아 정주문명지대의 중심종교였던 조로아스터교의 기원이 바로 호레즘 지역이었기 때문에, 조로아스터교에서 기원한 관습과 문화 전통은 이슬람 유입 이후에도 이슬람 종교 틀 내에서 여전히 전통문화의 요소로 이어지고 있다.

이러한 페르시아 기반의 정주전통문명과 조로아스터교 요소, 그리고 8세기부터 이 지역의 문화 및 공동체 중심 정체성이 된 이슬람은 정주문명 뿐만 아니라 인접한 유목문명 집단에도 영향을 주었다. 여기에 해당되는 가장 대표적인 집단이 카자흐 민족과 비슷한 계열이면서도 좀더 페르시아 정주문명의 영향을 많이 받은 오늘날 우즈베키스탄 북서부를 기반으로 하는 카라칼팍 민족[21]이다. 카라칼팍 민족의 전통은 수 세기 동안 진화해왔다. 우즈베키스탄 내의 자치공화국인 카라칼팍 자치공화국 역사는 카라칼팍 민족이 유목민이면서도 인접한 페르시아 정주문명의 지속적인 영향을 받아왔는데, 따라서 전통음악 및 무용 등의 예술 장르에 이러한 특성들이 반영되어 페르시아 정주문명의 예술요소들이 투르크 유목민족 샤먼 전통문화 및 예술 요소들과 적절하게 결부된 형태로 이어지고 있다.

호레즘 전통춤은 수 세기 동안 발달해왔으며, 정열적인 동작의 춤으로 알려져 있는데, 흔히 아쉬샤다로즈(Ashshadaroz)와 마콤우포리(Maqomufori)로 불리고 있다. 호레즘은 기본적으로 정주문명 지배층 및 중상류층을 위한 예술의 형태로 형성 및 발전되어 여성 무용수가 중심이 되는 춤의 특징을 가지고 있으며, 두 다리를 벌리고, 양쪽으로 무릎을 늘려 천천히 쭈그려 몸을 우아하게 움직이고 카이락을 사용할 수도 있다. 이러한 춤 동작은 팔과 어깨의 움직임과 기술에 따라 구별될 수 있고, 다소 거친 동작을 강조한 움직임이 발견된다.

호레즘은 전문적인 공연자들이 정주문명 시기부터 육성되어 계승된 결과 오늘날에도 그 명맥이 이어지고 있으며, 호레즘 전통 춤 전문가들은 다양한 공연으로 인해 많은 사람들이 쉽게 접할 수 있도록 호레즘 전통춤의 대중화에 힘쓰고 있다.

(1) 호레즘 전통춤의 특징

호레즘은 우즈베키스탄의 다른 어떤 전통춤보다 밝고 독특하며 간결하다. 또 '억제할 수 없는 기질', '반항적인 에너지', '열정적인 삶의 수용', '고요한 슬픔', '영원히 잃어버린 것을 갈망하는 억제된 우수', '절망', '슬픔의 황홀과 기쁨의 황홀', '저항할 수 없는 열정', '행복의 예감', '희열' 등은 호레즘 춤에서 표현하는 수많은 감정이다. 호레즘 전통춤은 신체의 개별적인 움직임과 더불어 복잡하거나 단순한 동작을 통해 폭발하는 감정과 영적 충동 등을 표현하고, 주변의 자연 현상을 비유적으로 반영하기도 한다. 또 짐승이나 새와 같은 동물의 세계의 삶을 우화적으로 재창조하거나 노동 행위를 우아하게 표현하기도 한다.

---

21) 우즈베키스탄 북서부, 이란, 터키 등지에 분포하는 종족. 대부분이 우즈베키스탄에 거주하며 주로 농업에 종사한다.

공간을 정복하는 듯한 걸음걸이, 날아가는 듯한 몸짓 등 다양한 형태의 움직임을 각종 동작을 통해 표현하는데, 때로는 날카롭고 강렬하게 때로는 부드럽고 리드미컬하게 인간과 자연의 융합된 역동적인 이미지와 영원하고 지속적인 삶에 대한 시적 표현을 춤 동작으로 보여준다. 이 지역 사람들에게는 "춤이 없는 기념은 존재하지 않을 뿐만 아니라 춤을 좋아하지 않거나 춤을 추지 못하는 사람들이 없다"고 할 만큼 호레즘 전통춤은 이들 삶의 일부로 남아있다.

호레즘의 대가로 평가받고 있는 우즈베키스탄 예술학 박사 아브데예바(L. A. Avdeeva)는 현대의 호레즘을 "활기차고 전율적이며 현대적이면서 영원하며, 물질 문화의 기념물"이라고 표현한다. 현대의 호레즘 춤은 각각의 동작, 움직임, 의상 등이 과거 호레즘 사람들이 명명했던 세부적인 용어들과는 일치하지 않는다. 하지만 아브데예바는 "전 세계 모든 춤의 유형, 역사, 구성 등을 하나의 도표로 정리한다면 호레즘의 춤은 거의 모든 범주에 포함될 수 있으며, 현재 어르신들의 기억 속에서만 남아있는 부분까지 추가한다면 이 도표 전부를 채울 수 있을 것이다"라고 호레즘 전통춤을 평가한다. 그만큼 호레즘의 춤은 가장 기본적인 팬터마임뿐만 아니라 고도로 조직화된 고전무용에 이르기까지 다양한 형태의 춤 동작을 포함하고 있다.

호레즘 전통춤은 무대 예술적 측면에서도 현대 무용예술의 기반이 될 뿐만 아니라 반대로 발전하고 있는 현대 무용에 추가로 접목할 수 있는 훌륭한 재료이기도 하다.

(2) 호레즘의 유형

호레즘은 전문 무용, 민속 무용, 아마추어 무용 등 세 가지 그룹으로 나누어진다. 각 그룹에는 여러 유형의 춤의 장르가 포함되어 있다.

먼저 전문 무용에는 곡예단 춤: 마갈닥(Magaldak), 희극 춤: 굴 우파리(Gul ufari) 그리고 춤: 락스(Raqs) 등 세 가지 유형이 있다.

(3) 곡예단 춤: 마갈닥(Magaldak)

마갈닥의 동작은 도약, 앉기 동작 그리고 어깨, 몸, 경추의 움직임 등 적은 수로 구성되어 있다. 팔 동작, 심지어는 몸과 어깨 동작도 종종 제한된다. 왜냐하면 춤의 의미와 목적이 특정 서커스 트릭을 하는 데에 있기 때문이다. 다시 말해 춤 동작은 서커스 트릭을 효과적으로 수행하는 데에 도움을 주는 하나의 요소이며, 곡예단 춤의 표현성이 트릭 자체의 표현성과 합쳐진다.

오늘날 흔히 곡예단의 공연에서 볼 수 있는 모습과 흡사한 춤은 '심도르(Simdor)', '마쉬알라(Mash'ala)', '올로브 보지(Olov Bozi)', '피초크 우파리(Pichoq ufari)', '바이더 우파리(Bayda Ufari)', '유－푸－푸(Yu－pu－pu)' 등이 있다.

'심도르(Simdor)'는 곧게 뻗은 철사 위에서 눈가리개를 하고 발에 구리로 된 솥을 걸고 불타는 횃불과 칼, 찻주전자, 사다리와 뜨거운 차와 그릇 등을 포개어 머리에 올려 저글링을 하는 춤이다. 이러한 장르의 춤에서 연기자는 뛰기, 미끄러지기, 웅크리기, 몸 움직이기, 어깨 및 경추 등 다양한 신체 일부를 이용해 춤 동작을 한다.

'마쉬알라(Mash'ala)'와 '올로브 보지(Olov Bozi)'는 불을 이용해 추는 춤이다. 마쉬알라는 횃불을 들고 저글링을 하는 춤이다. 올로브 보지는 아즈다하(Ajdaha)의 '불을 내뿜는 용'을 묘사하는 동시에 복잡한 트릭을 함께 펼치는 춤이다. 연기자는 불타는 석탄을 입에 머금고 변덕스러운 춤을 추면서 입에서 맹렬한 불꽃을 내뿜는 퍼포먼스를 보여준다.

'피초크 우파리(Pichoq ufari)'는 칼과 단검으로 복잡한 저글링을 하는 기교가 뛰어난 춤이다.

'바이더 우파리(Bayda Ufari)'와 '유－푸－푸(Yu－pu－pu)'는 도자기 접시를 이용해서 추는 춤이다. '바이더 우파리' 연기자들은 도자기 접시 바닥 밑을 머리에 올리고 여러가지 다양한 동작과 함께 몸을 앞으로 숙여 접시를 등 위로 그리고 밑으로 이동시킨다. '유－푸－푸' 연기자들도 도자기 접시를 머리 위로 올리는 동작을 하는데, '바이더 우파리'와의 차이는 접시를 옆으로 세워 목, 어깨, 등 근육의 훈련을 통해서 수탉의 벼슬을 표현한다는 것이다.

또 우리의 줄타기 놀이와 매우 유사한 '도르보즐릭(Dorbozlik)'도 마갈닥 유형의 춤으로 구분된다.

'요고치 오요크(Yog'och oyoq)'는 죽마를 착용하고 추는 춤이다. 이 춤은 돌과 철판으로 만들어진 카이락의 반주에 맞춰 춘다. 요고치 오요크는 다른 곡예단 춤보다는 다소 기교가 뛰어난 춤이라고 할 수 있다. 연기자가 전신을 사용하는 춤이기도 하다. 2m 길이의 죽마 위에서 춤을 추지만, 긴 죽마가 연기자가 앉거나 다리를 리드미컬하게 움직일 때 동작을 방해하지는 않아야 한다.

(4) 희극 춤: 굴 우파리

'굴 우파리(Gul ufari)'는 전통국립극장 마스하라보즐릭(Maskharabozlik)의 마스하라보지(Maskharabozy) 예술가들만 추는 춤의 유형 중 하나이다. '굴 우파리'는 '속이다', '놀리다'를 의미하는 '굴 킬모크(gul kilmoq)'와 '춤의 리듬', '춤'을 의미하는 '우파리(ufari)'를 합쳐 만들어진 합성어로 '희극 춤'을 의미한다.

'굴 우파리'에는 동물 춤인 '하이본 우파리(Xaivon ufari)'와 모방 춤인 '타클리드 우파리(Taqlid ufari)'라는 두 가지 장르가 있다. 타클리드(Taqlid) 장르의 춤은 상당히 단순한 리듬에 맞춰 팬터마임을 하는 춤이다. 여기에는 양치기(빌라마, Bilama), 어부(발륵 오인, Balik o'yin), 모자 만드는 사람(추구르마 티키시, Chugurma tikish), 신발 만드는 사람(에틱도즈, Etikdo'z), 요리사(오쉬파즈, Oshpaz), 미용사(사르타로쉬, Sartarosh) 등 여러 직업의 노동을 코믹하게 표현한 춤이 있다.

또한 성직자(코지, Qozi), 강도(카로크치, Qaroqchi), 상인(사브도가르, Savdogar), 젊게 사는 노인(캄리르 우파리, Kamlir Ufari), 말(馬)과 함께하는 춤(오트 오인, Ot o'yin) 등 특정 직업의 종사자나 사람들의 사회적, 심리적 특징을 코믹하게 표현하기도 한다.

타클리드의 특징은 춤 동작 자체가 크고 과장되게 표현한다는 것이다. 그 이유는 춤의 본질이 인간의 재미있는 특징을 드러내는 것이기 때문이다.

'하이본 우파리' 장르 또한 단순한 팬터마임 춤이다. 이 장르는 손, 팔, 다리, 허리뼈 등 특정 신체를 움직여 동물, 새, 물고기 등을 흉내를 내는 것이다. 하지만 이 춤에서도 동물의 움직임을 비슷하게 묘사하는 것이 춤의 핵심 포인트는 아니다. 핵심 포인트는 동물의 습성을 통해 특정한 사람들의 성격을 드러나게 보여주는 것이다. 즉, '하이본 우파리' 춤은 '우화 무용'이라고 할 수 있다. 이 춤은 관객들에게 사회적, 비유적으로 영향을 주는 춤이다. 페르가나 출신 우즈베크 전통 예술 전문가, 유수프 키즉 샤카르드자노프(Yusup Kizyk Shakardjanov)와 호레즘 출신 라힘 알라베르게노프(Rakhim Allabergenov)는 '하이본 우파리' 팬터마임 춤을 '우화'를 뜻하는 '마살라(Masalla)'라고 부르기도 했다. 오늘날 가장 인기 있는 마살라로는 '쿰 피시크(Kum Pishik, 땅다람쥐속)', '피샤크(Pishak, 고양이)', '에치키(Echiki, 염소)', '울로크(Uloq, 새끼염소)', '후로즈(Xo'roz, 수탉)', '고즈(G'oz, 거위)', '키르고불(Kirgovul, 꿩)', '마키욘(Makiyon, 메추라기)', '구스판드(Gusfand, 양)', '차갈로크(Chagaloq, 갈매기)' 등이 있다.

팬터마임 '타클리드'와 '하이본 우파리'의 직관적인 동작은 종종 가장 인기 있는 춤 동작, 특히 라즈기 춤 동작과 하나로 결합되기도 한다.

따라서 곡예단 춤 '마갈닥', 희극 춤 '굴 우파리'는 춤의 동작이나 이미지를 만드는 데에 도움을 주는 주요 예술적 수단이 아니라 서커스의 트릭이나 순전히 연기자가 어떠한 모습을 춤으로 형상화하는 것이다.

(5) 춤: 락스(Raqs)

'락스(Raqs)'는 단어 그대로 춤을 의미한다. 호레즘 안무 예술의 전문 무용가 우스타(Usta)가 수 세기 동안 발전해온 무용 동작을 이용하여 시적인 캐릭터를 만든 춤이다.

페르가나, 부하라, 호레즘 전통춤의 안무는 고전무용(classical dance)에 포함되어있다. 고전무용은 전통 무용의 형태, 연습 방법, 특정 무용의 시스템 등을 포함한다.

일종의 '모음집'의 의미로 불리지만, 고유명사로 번역할 수 없는 '마콤(Maqom)'은 오늘날까지 남아있는 모든 주요한 장르, 동작의 형태를 포함하는 '집약체'라고 할 수 있다. 호레즘의 '마콤 우파리(Maqom Ufari)'는 모두 7개의 '부분'으로 구성되어 있으며, 각 부분은 여러 '섹션'으로 구성되어 있다. 각 섹션에는 다양한 춤과 춤을 표현하는 방식을 포함하고 있다.

우리 시대까지 내려온 일종의 춤 모음집인 '마콤 우파리'는 우즈베크 민족 문화의 역사 전문가들에게 큰 관심을 불러일으켰다. 특히 민족 극장 형성 및 극장의 유래를 연구하는 예술 이론가, 연극 비평가, 음악학자들에게 큰 관심을 불러일으켰다. 오늘날의 '마콤 우파리'는 그것이 만들어진 시대 이래로 상당한 변화를 겪었음에 틀림없다. 가장 중요한 사실은 수세기 동안 특정 섹션이 사라졌다는 것이다.

'마콤 우파리'의 특정 섹션은 아주 먼 고대의 기원을 암시하는 제목을 가지고 있을 뿐만 아니라 사람들이 자연을 숭배하는 범신론적 의식과 전통 극장의 유래를 암시하는 제목도 존재한다. 오늘날까지도 마스하라보즈(Masxaraboz) 연극 배우들은 종종 양과 염소 가죽으로 만든 가면을 쓰고 얽히고설킨 뿔이 두 개 달린 모자를 쓰거나 한 개의 뿔이 있는 염소 가죽으로 된 모자를 쓰고, 머리 장식과 방울로 장식한 의상을 입고 공연을 한다. 이러한 모든 형태의 공연 소품은 연극을 만들어내는 첫 번째 단계이다. 일반적으로 춤 '마콤'의 6개 부분의 명칭은 각각의 부분에 속하는 춤 내용과는 아무 관련이 없다. 6개의 부분들은 단순히 기술적으로 춤 동작의 모음집이 되었다. 이 동작으로 매우 다양한 내용의 춤을 만들어낼 수 있고 매우 다양한 춤을 출 수 있다.

마콤의 첫 번째 부분은 '노림－노림(Norim－norim)'이라고 하는데 '석류를 가지고 하는 공연'을 의미한다. 이 첫 번째 부분에는 '사드르 노림－노림(Sadr norim－norim)'이라는 제목의 섹션이 있다. '사드르(Sadr)'는 '성인이 되지 않은 갑자기 사망한 사람의 장례의식'을 의미한다. 노림－노림에서 의미하는 '석류'는 예로부터 다산의 상징이었다. 마콤의 세번째 부분은 '오라지본그(Orazibong)'인데, 직역하면 '얼굴에서 나타는 공포의 표현', 또는 '비명 가면'이다. 같은 세 번째 부분에는 '갈랄라일림(Galalailim, 새들의 시장)' 섹션이 있다. 이 섹션은 '새들이 추운 곳에서 따뜻한 곳으로 이동하는 길에 잠깐 쉬어가는 호수에서 행해지는 고대 여성의 춤 놀이'를 의미한다. 마콤의 네 번째 부분은 한글식 발음으로는 차이가 없지만, '카브룬(Kabrun) 또는 카브룬(Kavrun)'(사람들마다 다르게 발음했기 때문)이라고 한다.[22] 'Kabrun'은 어떠한 고대의 장례의식을 의미한다. 한편 'Kavrun'은 '불꽃, 불(kovurilmok - 불 타다, 활활타다)'을 의미한다. 하지만 'Kavrun'이라고 명명했던 사람들도 그 내용에 대해서는 장례의식에 관한 이야기했는데, 이는 불을 신성시 여긴 호레즘의 고대 종교였던 조로아스터교의 영향을 받은 것으로 보인다. 마지막

22) 한글 발음으로는 차이가 없다.

으로 여섯번째 부분은 '구스판드(Gusfand Sadr)'이다. '구스판드'를 직역하면 '숫양을 묻는 의식'인데, 아마도 '죽은 숫양을 위해 운다'는 뜻일지도 모른다. 이 단어는 고대 그리스 의식 중에서 제물로 염소를 도살하는 것과 '트라고스(tragos, 염소의 이별 노래)'를 연상시킨다. 'tragos'는 'tragediya(트라게디야, 러시아어로 '비극')'의 어원이다. 하지만 평소에 숫양을 '쿠이(Qo'y)'라고 부른지 오래되었고 12년 주기 중 8년 주기인 해[23] 12지신 중 8번째를 '구스판드 일르(Gusfan yili, 숫양의 해)'라고 부른다.

하지만 앞서 기술한 바와 같이 '마콤 우파리'의 여러 부분의 제목이 결코 전체 호레즘 전통춤의 주요 장르, 형식 및 동작 자체의 내용을 반영하는 것은 아니다. '마콤 우파리'를 '부분'과 '섹션'으로 분류하는 작업은 과거부터 서서히 이루어졌고, 시대가 지남에 따라 이를 명명하는 사람들에 의해 상당한 변형이 이루어진 것으로 추정된다.

언제 '마콤 우파리'가 만들어졌는지, 무용 예술이 언제 분류화 되었는지 아직 정확하게 말할 수 없지만, 적어도 9~11세기부터 이러한 작업이 이루어진 것으로 예상할 수 밖에 없다. 왜냐하면 이 시기 호레즘을 포함한 중앙아시아 지역에서 철학과 의학 등 정밀과학이 고도로 발전했고, 다양한 분야의 학자들이 그야말로 맹활동을 펼쳤기 때문이다. 이 시기는 수학의 일부였던 음악에 대한 학자 자신의 업적과 지식을 다른 사람들에게 보여주어야만 하는 시기였다.

한편 혹자는 여러 사료를 바탕으로 중앙아시아 국가의 문화가 고도로 발달한 시기인 14~16세기에 분류 작업이 이루어졌을 수도 있다는 의견을 제시하기도 한다. 춤 형식의 체계화와 춤 자료의 취합 작업은 수 세기 전 높은 수준의 교육을 받은 자격을 갖춘 춤 전문가들 의해 이루어진 것으로 보인다. 춤 동작, 형태, 리듬, 멜로디 등은 각 시대가 원하는 모습에 맞게 변화, 발전하면서 지금의 우리 시대에까지 전해지게 되었다.

'락스(Raqs)'는 크게 세 가지 유형으로 나눌 수 있다. 첫 번째 유형은 바로 '마콤 우파리'의 7개의 부분 중 '노림－노림(Norim－Norim)', '세가니 우파리시(Segani

---

23) 우리나라의 12지신과 비슷한 개념

Ufarisi)', '오라지본그(Orazibong)', '카브룬 우파리시(Kabrun Ufarisi)', '우슐리니 우파리시(Ushlini Ufarisi)', '구스반드 사드르(Gusband Sadr)' 등 6개의 춤 부분으로 구성되어 있다. 이 춤들은 '마콤 우파리' 자체의 리듬과 멜로디나 전통적인 복합 성악 및 기악 모음곡인 '샤쉬마콤(Shashmaqom)'의 섹션의 음악 반주에 맞춰 출 수 있다. '샤쉬마콤'의 섹션의 음악 반주에 춤을 출 경우 연주 방식과 기술 자체는 다소 달라진다.

'마콤 우파리'를 출 때는 반드시 '카이락(Kayrak)' 연주가 함께 이루어진다. '샤쉬마콤 우파리(Shashmaqom ufari)' 춤은 남성 혹은 여성 독창자 또는 '샤쉬마콤'에 맞는 발성을 내는 합창단의 솔로 노래 반주에 맞춰 춘다.

'마콤 우파리', '샤쉬마콤'의 춤 동작은 보통 부드럽고 날카롭다. 특히 정적인 손모양을 유지하면서 부드럽고 날카롭게 팔을 움직인다. 팔 동작과 함께 앉기, 서기, 어깨, 목, 허리 동작이 함께 이루어진다. 발 동작은 매우 좁은 공간에서 할 수 있을 만큼 크지 않다.

'마콤 우파리'와 '샤쉬마콤'의 움직임은 마치 움직임의 잔상이 남아있는 것처럼 해야 한다. 리드미컬한 캐스터네츠 소리는 마치 "풍부함"을 표현하는 데에 도움이 된다. '샤쉬마콤'의 간헐적인 자세 변화와 적은 손의 움직임은 청중이 노래의 내용에 집중시키는 데에 도움을 주어야 한다. 마치 춤 동작 자체가 주가 아닌 노래에 집중할 수 있게끔 곁들여지는 행위인 듯이 이루어져야 한다.

두 번째 유형은 '호나 바즘 우파리(Khona bazm ufari)'이다. '호나(Khona)'는 '회전(선회), 멜로디 개발'을 의미하며, '호나 바즘 우파리'는 '기본 동작의 개발'을 뜻한다. '호나 바즘 우파리'는 일상생활에서 자주 추는 춤으로 이러한 유형의 춤을 종종 '메흐몬호나 바즘 우파리(Mehmonkhona bazm ufari)' – '실내 춤'이라고도 한다. 이 유형 안에는 첫 번째 유형에 들어가지 않은 '마콤 우파리'의 나머지 일곱 번째 부분이 포함되어 있다. '호나 바즘 우파리'는 현악기와 성악 반주에만 맞춰서 출 수 있으며, 매우 서정적인 춤이다. '호나 바즘 우파리' 춤의 동작은 나는 듯이 가볍고 경쾌하며 완만하면서도 탄력 있다. 춤을 통해 인간이 느끼는 보통의 감정, 감각, 경험 등을 전달한다.

'락스'의 마지막 세 번째 유형도 '락스(Raqs)'라고 한다. 이 세 번째 유형 '락스'의 춤 동작은 '호나 바즘 우파리'와는 다르게 마치 비축된 힘과 불같은 기질을 가지고 있듯이 특징이다. 무용가가 끊임없이 움직일 수 있고, 마르지 않는 힘을 가지고 있는 듯 보이게 한다. 또 춤 동작 하나하나가 부드럽고 날카로우며 울림이 있다. '락스'는 인간의 모습 중 친절, 강건, 쾌활한 성격을 가장 솔직하게 표현하는 춤일 것이다. '락스'의 세 번째 유형 '락스'에도 '호나 바즘 우파리'와 마찬가지로 '마콤 우파리'의 일곱 번째 부분이 포함되어 있다.

'락스'는 서정적이면서 친밀함을 표현하는 춤이다. 또 활동적이고 대담함을 표현하는 등 다양한 장르도 있다. 서정적이면서 친밀함을 표현하는 춤으로 가장 인기 있는 춤은 '자르코킬(Zarkokil)' – '땋은 금발', '라메일라(Rameila)'의 '라메일라라는 소녀의 이름', '이로크 우파리(Irok Ufari)'의 '다리를 십자로 교차하는 것'을 의미하고, '이로크(Irok)'는 '응용 예술에서 십자가 모양으로 자수를 놓는 것을 의미', '세고흐(Segokh)'는 '오래된 멜로디', '라즈기' 등이 있다.

'락스'는 낙천적인 성격의 춤으로 자연, 동물의 세계, 삶의 즐거움을 가지고 있는 사람에게 감동을 주는 것을 표현한다. 또 다른 인기 있는 춤 중에는 '부르담(Burdam)'의 '노름꾼', '라탈라(Ratalla)'의 '새의 지저귐', '갈랄라일림(Galalaylim)'의 '새 시장', '마샬라(Mashalla)'의 '횃불잡이' 그리고 동물과 새(수탉, 꿩, 갈매기, 독수리, 비둘기, 제비, 염소, 고양이 등)를 모방한 춤이 있다. 그러나 이 춤들은 희극춤 '굴 우파리'의 단순한 팬터마임이 아니라 모방 동작이 안무로 개발되고 기술적으로도 높은 수준을 요구하는 복잡한 춤이라고 할 수 있다.

(6) 호레즘 라즈기(Lazgi)

호레즘 전통무용 가운데 가장 대중적으로 인기가 있는 춤은 '라즈기(Lazgi)'이다. 라즈기는 그 기원에 대한 여러 전설을 가지고 있다. 혹자는 아담이 지구상에 처음 나타난 시기에 만들어진 것이라 한다. 신은 아담을 만들었지만, 신은 아담이 직접 사람들에게 생명을 부여할 수는 없을 것이라 생각하여 아담에게 음악을 통해 인간의 몸속으로 들어가라 명한 것이 라즈기의 기원이라고 한다. 또 영혼이 어두운 육체에 깃드는 것을 원하지 않는 것을 본 신이 영혼이 육체에 깃들 수 있도록 아름다운 음악 소리를 들을 수 있도록 했고 정렬적인 음악의 매력에 빠진 영혼이 육체에 깃들어 라즈기가 탄생했다는 전설도 있다.

이러한 전설들로 인해 사람들은 라즈기를 신성한 춤으로 여겼다. 아마도 라즈기가 인간에게 생명을 부여하는 과정을 나타내는 동작을 춤 동작을 통해 묘사한 것이기 때문에 만들어진 전설인 것으로 보인다. 이러한 전설과 함께 라즈기 동작을 살펴보면 라즈기를 이해하기 어렵지 않다. 라즈기는 천천히 시작하여 갈수록 빨라지는데 마치 태양을 향해 손을 뻗는 것처럼 얼어붙은 손을 들어 올린다. 손가락과 손을 차례로 움직이기 시작한 다음 팔, 어깨, 목, 몸, 다리를 차례로 움직이기 시작한다. 이 때 약간의 떨림과 함께 전신을 움직여 영혼이 없던 육신에 영혼이 깃드는 듯한 모습을 보여준다. 영혼이 깃든 이후에는 마치 열과 에너지가 온몸에 가득 찬 듯 점차 움직임이 빨라지고 끝에는 기쁨과 행복함을 느끼는 듯한 모습을 취한다.

우즈베키스탄의 인민 예술가이자 호레즘 우르겐치의 라즈기 전문학교의 교장인 가브하르 마티야쿠보바(Gavkhar Matyakubova)는 라즈기의 역사는 3천년 전으로 거슬러 올라간다고 한다. 그녀는 라즈기를 마스하라보즈(Masxaraboz), 카이로크(Kairok), 수르나이(Surnay), 두타르(Dutar), 사로이 바즘(Saroy bazm), 가르몬(Garmon), 찬가크(Changak), 차나크(Chanak), 히바(Xiva) 등 9가지 유형으로 구분했다.

수르나이 라즈기는 고대 관악기인 수르나이와 관련이 있다. 과거 사람들은 전쟁이 시작되기 전에 사기를 높이기 위해 추거나 전쟁의 이후 승리를 축하하기 위해 이 춤을 추었다. 그러나 시간이 지남에 따라 수르나이 라즈기는 결혼식이나 민속축제, 나브루즈 등 특별한 행사 때 추는 춤으로 바뀌었다.

가르몬 라즈기는 아코디언 반주에 맞춰 추는 라즈기 춤이다. 아코디언은 할파(halfa)라고 불리는 호레즘 공연자들 사이에서 19세기에 큰 인기를 얻었게 되었다. 재능있는 인민 가수, 음악가, 시인 및 음악 작가를 할파라고 불렀다. 과거에는 축제 기간에 남성과 여성을 분리해야 하는 이슬람 규칙 때문에 이치카리(ichkari)라고 하는 여성 집의 절반에 할파들이 춤을 추었다. 때때로 할파들은 호레즘 샤의 여성과 소녀를 즐겁게 하기 위하여 궁전에 초대되었고, 음악가(도이라치, doyrachi

또는 카이록치, kayrokchi)와 무용가(락코사, raqqosa)와 함께 공연하기도 했다.

두타르 라즈기는 두타르 반주에 맞춰 추는 라즈기 춤으로 여성들의 춤이었다. 여성 사랑, 꿈, 슬픔 등 내면의 감정을 우아한 동작과 함께 풍부한 표정연기를 볼 수 있는 춤이다.

찬가크 라즈기는 호레즘의 코시코피르주의 옥다르반드 마을 주민들이, 히바 라즈기는 히바 지역에서 주로 추었던 라즈기이다.

사로이 바즘 라즈기는 8세기 호레즘에 이슬람이 전파된 이후 생긴 춤이다. 이슬람의 영향으로 여성 무용가들이 공공장소에서 공연하는 것이 금지되어 주로 집에서 춤을 추어야 했다. 특별한 행사가 열려도 제한된 공간에서만 춤을 출 수 있었던 사회적 변화로 만들어진 춤이다.

오늘날 보여지는 라즈기의 모습은 비교적 최근의 것으로 보이지만 그 역사가 상당히 길다. 1937년 소비에트의 고고학자이자 민족지학자인 세르게이 톨스토프는 소련 과학아카데미를 설립하고 호레즘 탐사대를 꾸려 고대 호레즘 문명 발굴을 시작했다. 이때 발굴한 유물을 바탕으로 호레즘 춤을 포함하여 여러 문화를 연구하기 시작했다. 톨스토프는 신석기 시대와 청동기 시대의 유물을 통해 고대 호레즘인들이 다양한 동물과 신화적 동물을 묘사한 가면을 쓰고 무언극과 의식 춤을 추었다는 것을 확인한 바 있는데, 이러한 모습이 시간이 지남에 따라 다양한 춤으로 발전한 것으로 보았다.

이슬람 전파 이전 시대의 불과 태양 숭배에 기초한 조로아스터교는 호레즘 라즈기의 동작에 중요한 영향을 준 것으로 보이는데 톨스토프의 탐사대에 의해 연구된 여러 고대 정착지에서는 춤추는 남녀가 있는 암각화 그림이 발견되기도 했다. 조로아스터교와 관련된 모든 기념일 행사는 불 주위에서 진행되곤 했는데 오늘날 호레즘의 라즈기도 불 주위에서 추는 모습이 일부 남아 있다. 불 주위에서 춤을 추는 것은 사람들의 정신적 치료에 효과적이며 일상의 걱정, 초조함, 피로감을 덜어주고 불의 따뜻함과 다른 사람들과의 일체감을 느끼게 한다.

우즈베키스탄의 저명한 공연 예술가 카디로프(M. Kadyrov)는 라즈기는 중세 시대에 개인 무용에서 그룹 무용의 형태로 변화되었다고 한다. 카디로프에 따르면 16~18세기에 히바는 호레즘 문화의 중심지가 되었으며 이 시대 최고의 예술과 문화를 축적하고 뮤지컬, 연극 및 무용 공연의 종합예술이 발전했다고 한다. 이 시대 샤(왕)들은 후한 선물을 아끼지 않았고 이 덕분에 숙련된 예술가들이 좋은 대우를 받을 수 있었다. 가수, 무용수, 음악가, 시인과 같은 예술가들은 외지에서 온 방문객을 환영하는 자리에 빠지지 않고 공연을 펼쳤다. 히바의 종합예술 공연 문화는 18~19세기에도 계속 발전했다.

호레즘 라즈기는 소비에트 시기에도 '히바의 7시 정각'이라는 희극 영화와 '호레즘 락스 마스터'라는 다큐멘터리 영화로 제작될 만큼 대중들에게 사랑받았으며, 오늘날 호레즘 무용 예술의 상징이라고 할 수 있는 춤이기도 하다.

페르가나(Fergana) 전통춤

페르가나 전통춤은 우즈베키스탄의 세 가지 주요 전통춤 중에서 가장 섬세하고 유연하며 서정적이다. 페르가나 춤에서는 '이야기를 전하는 듯한 움직임'과 무언극적인 요소를 자주 발견할 수 있다. 또 자연 현상, 노동, 여성의 깊은 감정, 여성의 꿈과 열망 등에 관한 내용을 시적으로 표현한다. 예컨대 사랑하는 사람과의 슬픈 이별, 목화 따기, 실크 만들기, 빵 굽기와 같은 일상생활을 춤으로 표현한다.

지역적으로 페르가나는 현재 중국 서부의 투르크계 민족 집단 가운데 가장 다수를 차지하고 있는 위구르 지역과 지리적으로 인접하고 있기 때문에 전통문화 요소들에서 위구르의 전통 문화예술 장르와의 연관성 및 공통성들이 많이 나타난다.

페르가나 전통춤의 가장 큰 특징은 손동작에 큰 의미를 둔다는 것이다. 페르가나 학파에서는 손동작을 무언극과 같은 회화적인 움직임, 그리고 은유적인 움직임 두 가지로 나눈다. 페르가나 지역 특유의 서정적이고 관능적인 연주에 맞춰 손을 부드럽게 움직이고 요염한 표정으로 장난을 하듯 움직이는 머리 동작에서 다른 지역 전통춤과 페르가나 전통춤을 구분할 수 있다. 또 다양한 유형의 회전 기술이 뛰어나다. 우즈베크 춤 전문가들은 페르가나 춤 동작 하나하나는 '거대한

세계를 표현하는 작은 이미지'라고 표현한다.[24)]

춤 공연 구성을 비교적 엄격하게 하는 호레즘, 부하라 전통춤과 달리 페르가나 전통춤 공연에서는 즉흥적으로 추는 춤이 인기 있다. 하지만 이러한 즉흥적인 춤에도 부하라, 호레즘 전통춤과 달리 손을 위로 향하게 유지해야 한다는 특정한 규칙이 있다. 또 동물을 모방하는 호레즘 춤과 대조적으로 페르가나 춤은 대부분 서정적이고 낭만적인 인간관계를 묘사한다.

페르가나 춤은 주로 광장과 같은 넓은 장소에서 추는 '카타 오인'(Katta o'yin, 큰 춤)과 거실이나 안뜰에서 추는 '키칙 오인'(Kichik o'yin, 작은 춤) 두 가지로 나뉜다. 카타 오인에는 280가지 춤 종류가 있는데 이 중에서 오늘날까지 전해지는 춤으로는 레즈(Rez), 티트라트마(Titratma), 쇼흐(Shox), 굴 오인(Gul o'yin), 이오르가(Iorga), 사르보지(Sarbozi), 차르흐(charx), 하크코니(Xakkoni), 오롬(Orom), 질보니(Zhilvoni), 사흐타(Caxta), 두차바(Duchava), 로그(Rog), 카타 사모(Katta Camo), 얄라마(Yallama), 카이타르마(Kaitarma), 두포야(Dupoya)/오크사트마(Oksatma), 올마-아노르(Olma-anor) 등이 있다.

키칙 오인은 도이라(Doira)[25)]를 비롯한 기타 전통악기 반주에 맞춘 얄라(Yalla)와 라파르(Lapar) 장르의 노래와 서정적이고 열정적인 춤으로 구성되었다.

얄라(Yalla)와 라파르(Lapar)라는 노래-춤이다.[26)] 얄라는 휴일이나 결혼식에서 노래와 춤을 교대로 수행하는 방식으로 공연을 구성한다. 페르가나에서는 얄라를 부르는 얄라치(yallachi)가 노래를 부르면서 추는 춤으로는 두차바(Duchava), 얄라마(Yallama), 코라 소치(Kora Soch), 카이타르마(Kaytarma), 타노바르(Tanovar) 그리고 위구르 남성 춤인 안디존 사모시(Andijon samosi, Andijan Polka)가 잘 알려

---

24) http://www.feiruzdance.ru/uzbek-dances/

25) 페르시아어로 다프(daf)라고 한다. 이란, 아랍 세계 등지에서 전통적으로 사용되는 북 계열의 타악기이다.

26) 원래 라파르는 '대화 노래'인데 대화를 주고받으면서 부르는 노래이다. 따라서 라파르는 노래의 한 종류이면서 동시에 춤의 한 종류이기도 하다. 얄라는 '젊은 여자와 나이가 많은 부자 남자가 결혼했을 때 나타나는 불만, 일상생활에서의 여성의 어려움, 아이를 잃은 슬픔' 등에 관한 노래이다. 하지만 대부분 이러한 내용을 슬프지 않고 코믹하고 해학적으로 표현하고, 결혼식이나 가족행사에서 주로 불렀다. 역시 마찬가지로 노래, 춤의 명칭이다.

져 있다. 이 중에서 오늘날 가장 인기 있는 춤 중 하나는 '타노바르(Tanovar)'이다.

타노바르는 1940년대에 무카람 투르군바예바(Murkrram Turgunbaeva)가 무대에서 처음 선보인 이후 우즈베크 여성 춤의 상징이 되었다. 타노바르는 동체뿐만 아니라 머리, 팔, 다리의 움직임도 매우 부드럽고 우아하다. 타노바르는 'tan – 몸 또는 영혼', 'ovar – 즐거움'의 합성어로 즉 '영혼의 즐거움'을 의미한다.

타노바르는 원래 민속 시를 가사로 하는 민요로 사랑에 빠진 남녀의 고통에 관한 내용을 담고 있다.[27] 타노바르는 전통악기 두타르(Dutar) 반주에 맞추어 불려졌으며, 이후 여러 지역으로 전파 및 변형되어 '아돌라트 타노바르(Adolat ta–novari)', '요브보이(Yovvoy) 또는 다디 타노바르(Dadi Tanovar)', '파르고나차 샤흐노즈(Farg'onacha shakhnoz) 또는 파르고나차 타노바르(Farg'onacha tanovar)', '코콘차 타노바르(Qo'qoncha tanovar)', '마르길론 타노바르(Marg'ilon tanovari)', '나만간 타노바르(Namangan tanovari)', '양기 타노바르(Yangi tanovar)' 등과 같은 다양한 노래의 초석이 되었다.[28] 이후 20세기에 들어와 타노바르는 더 이상 음악 예술이 아닌 우즈베키스탄의 시, 무용, 연극 등을 결합한 20가지 넘는 종류의 종합예술로 발전하게 되었다.

라파르는 일반적으로 일종의 놀이 형식으로 진행된다. 대화 형식으로 두 명의 가수가 시적인 가사를 번갈아 가며 부르는 노래에 맞춰 춤을 춘다. 그 내용은 영원(永遠)과 여성에 대한 서정적인 노래이다. 하지만 이러한 내용을 종종 유머러스하고 풍자적으로 표현해 빠른 박자감을 가지고 있다. 이러한 라파르로는 '코라 소치(Qora soch)'와 '빌라그 우죽(Bilag ujuk)'이 있다.

페르가나 전통춤에서 나타나는 독특한 의상과 장식으로는 틸랴 코쉬(Tilya Qosh, 황금 눈썹)가 있다. 틸랴 코쉬는 페르시아 지역 및 중앙아시아 정주문명지대에서 발견되는 가장 오래된 유형의 장식품 중 하나이다. 우즈베키스탄에서 인기를 끈 틸랴 코쉬는 처녀의 순결을 상징하는 신부의 결혼식 장식이다. 또 보석으로

---

27) 과거 우즈베크 사회에서 남자와 여자의 만남이 자유롭지 못했기 때문에 나타나는 힘든 감정을 표현한 시이다.

28) http://ich.uz/ru/ich–of–uzbekistan/national–list/domain–2/304–tanovar#:~:text=%C2%AB%D0%A2%D0%B0%D0%BD%D0%BE%D0%B2%D0%B0%D1%80%C2%BB%20

만들어진 황금빛 가슴장식인 제비가르돈(Zebigardon)이 있는데 틸랴 코쉬와 제비가르돈과 같은 외모 장식은 위구르 민족의 전통미인상에서도 흔하게 발견되는 특징이기도 하다.[29)]

이슬람이 전파된 이후 일반 축제나 중요한 행사에서 남녀가 함께하는 문화는 곳곳에서 점차 사라지게 되었다. 여성이 대중 앞에서 공연하는 모습이 사회적으로 금지되었기 때문이다.

이로 인해 여성들은 남성복을 입고 대중 앞에서 공연을 하는 경우도 발생했다. 이와 비슷한 사례로 다소 특이한 무용수가 양성되었다. 십 대 소년들이 여성으로 분장한 채 전통적으로 여성들이 추었던 춤을 전문으로 추는 무용수들이 생겨났다. 이들을 히바에서는 오글론 볼라(O'g'lon bola), 부하라에서는 바차(Bacha)라고 불렀다. 이러한 형태의 공연은 특히 19세기 말 부하라와 사마르칸트에서 가장 큰 인기를 얻었다.

바차는 12~14세 정도의 소년들로 대부분 가난한 가정 출신이었다. 이 소년들은 8~10세에 공연 경험이 있는 무용수와 가수로부터 4~5년 동안 훈련 지도를 받고 전문적으로 공연에 나섰다. 콘스탄틴 콘스탄티노비치 폰 팔렌은 1908~1909년에 이 지역을 여행하면서 바차의 춤을 보고 다음과 같이 기록했다.

"…오케스트라는 애절한 선율로 연주를 시작했다.
리듬은 탬파니로 맞춰지고 강조되었다.
4명의 바차가 매트 위에 자리를 잡았다.
바차는 특정한 춤을 추도록 특별히 훈련된 소년들이다.
그들은 맨발로, 여성처럼 옷을 입고 무릎 아래에 길고 밝은 실크 블라우스와
발목 주위를 꽉 조이는 바지를 입고 있었다.
팔과 손에 있는 반지와 팔찌는 빛이 났다.
그들의 머리 앞은 깨끗하게 면도 되어있었지만, 어깨까지 오는 긴 머리를 하고 있다.

29) https://www.asiaplustj.info/ru/news/centralasia/20180826/zhenskie－ukrasheniya－tsentralnoi－azii

손톱과 발톱을 빨갛게 칠하고 눈썹은 시커멨다.
춤은 감각적인 움직임과 앞뒤로 움직이는 리드미컬한 동작, 그리고 손과 팔을 들어 올리며 떠는 동작으로 구성되었다.
점차 무용수의 수는 증가했고 음악이 커졌다.
관중들의 눈은 감탄으로 빛났고 바차들은 점점 빨라지는 음악의 박자에 맞춰 날카로운 멜로디에 맞춰 춤췄다.
왕세자는 바차가 여성의 사랑과 아름다움에 대해 노래를 한다고 설명했다.…"

바차와 관련하여 당대 러시아 예술가이자 여행자인 바실리 베레샤긴(Vasily Vereshchagin)는 "바차들은 한편으로 존경이라는 선물을 받았지만, 다른 한편으로는 (성적) 착취와 차별을 당하기도 했다"면서 바차를 비운의 무용수로 표현하했다.30) 또 코칸드 칸국에서는 바차의 공연을 금지하기도 했다. 당시 코칸드 칸국에서는 칸의 첩과 고위관리의 가족 등과 같은 상류계층 여성들이 무용수로 궁정 안팎에서 공연할 수 있는 문화가 남아있었다.

바차 무용수는 중앙아시아 여러 지역에서 빠르게 퍼져 인기를 구가했지만 소비에트 시기에 들어 역사 속에서 완전히 자취를 감추게 되었다.31)

6. 나가며

우즈베크 전통무용은 고대부터 다양한 정주문명권을 중심으로 발전했다. 동

30) Насибулина, Л. И. Локальные школы национального танца Үзбекистана / Л. И. Насибулина. — Текст : непосредственный // Молодой ученый. — 2020. — № 23 (313). — С. 687–690. — URL: https://moluch.ru/archive/313/71036/ (дата обращения: 04.07.2022).

31) 바차는 일부 지역에서는 성적 착취를 당하는 등 사회적 문제가 발생했다. 실제로 바차는 아프가니스탄과 파키스탄 등지에서 바차–바지(Bacha–bazi)라는 이름으로 존재하는데, 주로 성노예나 아동 매춘의 하나의 형태로써 지칭되기도 한다. 바차–바지에 관한 자세한 내용은 Musa Khan Jalalzai, Child Sex, Bacha Bazi and Prostitution in Afghanistan: Male Prostitution, Forced Marriages, Play Boy, Women, Arms and Drug Trafficking, Lap Lambert Academic Publishing GmbH KG, 2011. 참고.

-서, 남-북을 잇는 실크로드의 중심에 위치한 이 지역의 예술문화는 그 지리적 특성으로 인해 주변 지역뿐만 아니라 아랍, 인도 등 다른 여러 지역의 문화를 흡수하면서 발전했다. 특히 이슬람화가 진행된 사만, 티무르, 샤이바니 왕조 등을 거치면서 고유의 춤 장르와 형식을 가지게 되었다.

다른 모든 문화가 그렇듯 우즈베크 전통무용 역시 시대에 따른 사람들의 요구와 주변 여러 대세 세력의 침략으로 인해 예술문화가 사라지고 변형되기도 했다. 예컨대 무신론을 표방하는 소비에트 체제 하에서 종교적 박해와 러시아화 정책으로 인해 종교적 색채가 짙거나 토착민의 관습이 담긴 일부 민속춤은 자취를 감추게 되었다. 당시 사람들은 공개된 장소에서 자유롭게 춤 수 없었기 때문이다. 또 기존의 전통춤 위에 현대의 예술문화가 씌워져 또 다른 전통이 만들어지기도 했다.

한편으로 각 가정과 공동체를 중심으로 전통문화가 계승되기도 했다. 지금은 마르길란, 코칸드, 부하라 등 3대 춤 전문학교가 설립되어 전문 무용가를 양성하고 있지만 당시에는 각각의 가정이 일종의 무용학교 역할을 했다. 아이들은 형제나 부모님으로부터 춤을 추는 방법을 배워 다음 세대에게 전해주었다. 또 고유의 전통에 대한 박해가 적었던 시기에는 전문 무용가들이 다양한 사람들에게 전통춤을 전수했다. 이렇게 여러 경로를 통해 전통춤을 익힌 사람들은 본업을 버리지 않고 아마추어 무용가로 활동하기도 했는데, 이러한 현상은 페르가나, 부하라뿐만 아니라 심지어 산악지대 정착지에서도 나타났다.

독립 이후 우즈베키스탄 정부는 소련의 정책으로 사람들 사이에서 잊히고 있었던 고유의 문화를 되살리기 위해 문화 개혁 정책을 수립했다. 이 정책의 일환으로 이슬람 카리모프(Islam Karimov) 우즈베키스탄의 초대 대통령은 1997년 1월 "우즈베키스탄의 민족 무용과 안무 발전"에 관한 대통령령을 공포했다. 이를 기반으로 현재 우즈베크 전통무용 관리부서로 전통무용수 관리 및 전통춤 경연, 국제행사 참여와 관련된 업무를 담당하는 우즈베크라스(Uzbekraks)와 타슈켄트 무용학교(Tashkent Choreographic School- National Dance and Choreography)가 설립되었다. 또 1997년부터 사마르칸트에서는 '동방의 멜로디(Sharq taronalari)'라는 축제를 개최하는 등 우즈베크 전통 무용의 부흥에 기여하고 있다.

앞서 서술한 대로 아직은 우즈베키스탄 내에 존재했던 전통춤에 관한 연구가 부족하고 많은 전통춤이 완전히 복원되지는 못했다. 또 앞으로 더 다양한 우즈베크 전통춤이 발굴될 가능성이 남아있는지도 불분명하다. 그럼에도 불구하고 지금 이 순간에도 우즈베크 사람들은 일상생활 속에서도 고유의 문화유산을 재건하려는 노력을 계속하고 있다.

제3부

전통유희

나르데(Narde)

우즈베키스탄의 전통 유희는 우즈베크인들의 물질적·정신적인 유산으로, 우즈베키스탄의 기후, 환경뿐만 아니라 고대부터 이 지역에 거주하던 다양한 인종 및 부족들의 전통과 관습, 생활 양식을 바탕으로 형성되고 발전하였다. 그러므로 우즈베키스탄 민속놀이는 매우 다채롭고 다양한 성격을 띠며, 과거 이 지역에 거주하던 사람들의 전통과 관습, 생활 양식 및 문화와 역사를 이해하는 하나의 배경이 된다.

우즈베크인들의 전통적인 생활 양식에 관한 연구에 따르면 현재의 우즈베키스탄 지역에는 유목민과 반유목민, 정착민이 함께 거주하였다. 지역적으로 보면 현재의 수도 타슈켄트를 기준으로 동부 지역 및 그 인접지역은 대부분이 유목과 정주문명 전통이 공존했던 지역 특성을 가지고 있고, 반면 중부 및 중서부에 해당되는 사마르칸트, 부하라 등의 지역에서는 정주문명 특성이 명확했기 때문에 전통 유희에서도 이러한 다원성이 오늘날에도 잘 나타나고 있다.

유목 및 반유목 생활을 하는 사람들은 목축에 종사하였고, 정착민들도 목축과 무관하지 않은 생활을 영위하였다. 농부들은 소를 이용해 논밭을 갈고 곡식을 타작하였으며 강과 우물에서 물을 길어왔고, 상인들도 가축을 사고파는 등 다양한 활동을 하였다.

이로 인해 우즈베크인들 사이에는 '포다치(Podachi)', '에샥 민드(Eshak mindi)', '이즈보쉬칠라르(Izvoshchilar)' 등 동물과 관련된 유목적 요소가 가미된 다양한 민속놀이와 춤이 탄생하였다. 또한, '카르나이므, 수르나이(Karnaymi, sur-nay)', '니나 입 바 투군차(Nina, ip va tuguncha)', '타프르 토푸르 칼드르고치(Tapir-to'pur qaldirg'och)', '호로즐라르 장기(Xo'rozlar jangi)', '오크 테락므, 콕 테락(Oq terakmi, ko'k terak)' 등의 놀이도 많은 인기를 끌었다.[1]

우즈베키스탄 전통 유희 중에서 특히 정주문명 전통이 계승되고 있는 지역에서는 오늘날 서커스에 해당되는 줄타기 예술이 특히 발전하였는데, 이는 현대 서커스에도 이러한 요소들이 포함되어 계승되고 있다. 우즈베크인들의 명절과 축제 날에는 어김없이 줄타기 놀이가 상연되었다. 레기스탄 광장과 바자르 등 사람이 많이 모이는 장소에는 줄타기 줄이 설치되었고, 카르나이, 수르나이 악기 소리와 북소리가 공연의 시작을 알렸다. 관중들은 높은 줄 위에서 완벽한 균형을 유지하며 묘기를 부리는 줄타기 꾼들의 대담한 움직임을 흥미롭게 지켜보았다.

우즈베키스탄 전통 유희는 다양한 연령층과 사회계층을 통해 전승되어왔지만, 소련 시기에는 인종, 지역, 민족 등을 초월한 '새로운 소비에트 인민' 형성을 방해한다는 이유로 암흑기를 맞이하게 되었다. 민족 전통이 부정당하면서 전통 유희 또한 '구시대적 유물'로 치부되어 사회적으로 금지된 것이다. 그러나 1991년 독립을 기점으로 우즈베키스탄은 고유한 민족적·전통적 가치로 전통 유희를 되살리기 위해 다양한 노력을 기울이기 시작하였다. 잊혀진 우즈베키스탄 전통 유희들을 복원하여 각 교육기관의 교과과정에 정식으로 포함시키고, 국경일, 명절, 축제 등 다양한 축일에 민속놀이 대회를 조직하면서 전통 유희의 대중화에 힘쓰고 있다.

우즈베키스탄의 대표적인 전통유희로는 양 싸움, 수탉싸움, 나르데(Narde), 두라(Durra), 토르트쉬마초크(Tortishmachoq) 등이 있는데, 중앙아시아 지역은 오늘날의 국경이 획정되기 이전부터 다양한 민족들이 한데 어울려 살아온 공간이므로 콥카리(Ko'pkari), 베쉬 토쉬(Besh tosh), 카랍텝(Qarabtep) 등의 일부는 인접한 이웃 국가들에서도 나타나는 민속놀이이기도 하다.

---

1) А.Табинбаев., Б.Казаков., Ўзбек ҳалк миллий ўйинларининг ривожланиши, ёшларни тарбиялашдаги аҳамияти, педагогик таърифи ва мактаб програмасидаги ўрни. Нукус. 2015. pp. 8-9.

나르데는 주사위 놀이로 한국의 윷놀이와 유사하다고 할 수 있다. 주사위 2개를 던져서 나오는 숫자만큼 말을 이동하며, 어른들과 어린이들이 함께 즐길 수 있는 보드게임이다. 나르데는 고전적인 주사위 놀이로 2명이 할 수 있는 가장 오래된 보드게임 중 하나로 고대 동양에서 시작되었으며, 현재 전 세계적으로 보급되어있다.

나르데는 우즈베키스탄만의 전통놀이는 아니며, 러시아민족의 놀이가 유입되어 현지화한 것이다. 주사위를 굴려 놀이를 진행하며, 보드에서 자신이 가진 모든 말을 상대방보다 먼저 제거해야 하는 놀이이다. 이 놀이는 주사위를 굴려서 하는 게임이니만큼 주사위를 던져 나오는 결과가 승패를 결정짓는 요인 중 하나이지만, 장기적으로는 자신의 전략이 더욱 중요한 역할을 하게 된다. 이는 주사위를 굴릴 때마다 숫자만큼 이동하게 되는데, 말 이동 시 상대의 이동을 방해하기 위하여 다양한 옵션을 적용하여 선택하게 되어있기 때문이다.

니나, 입 바 투군차 (Nina, ip va tuguncha, 바늘과 실, 매듭)

니나, 입 바 투군차는 세 명의 아이가 각각 '바늘', '실', '매듭'의 역할을 맡아 놀이하는 신체활동 놀이이다. 세 사람을 제외한 나머지 아이들은 서로 손을 잡고 원의 형태로 서고, 바늘, 실, 매듭은 원 바깥에 나란히 선다. 놀이가 시작되면 원의 형태로 서 있는 아이들은 손을 들어 바늘, 실, 매듭이 통과할 수 있게 길을 내준다. 이때 바늘은 자신이 원하는 방향으로 달릴 수 있으나, 실과 매듭은 반드시 바늘의 뒤를 쫓아다녀야 한다. 놀이 도중 바늘 뒤를 실이 따라가지 않고 방향으로 이동하여 실이 '엉키게' 되거나 매듭에 걸리면 죽은 것으로 보아 새로운 바늘, 실, 매듭을 정해 놀이를 다시 시작해야 한다.

실과 매듭으로 정해진 아이가 바늘 역할을 맡은 아이의 뒤를 잘 따라다녀야 하므로 이 놀이는 아이들이 규칙을 준수하고, 주의력 및 민첩성을 개발하는 데 긍정적인 영향을 준다. 놀이가 빨리 끝나지 않고 길게 이어지려면 놀이 참여자 중에서 가장 기민하고 눈치가 빠른 아이에게 바늘의 역할을 맡겨야 한다. 바늘, 실, 매듭으로 정해진 아이들이 실수하지 않고 오랫동안 놀이가 계속되면 다른 아이들의 참여를 유도하기 위해 놀이를 멈추고 역할을 바꿀 수 있다.[2)]

---

2) Usmanxodjayev, T.S., Isroilov, Sh.X., Pulatov, A.A., Pulatov, Sh.A. Milliy va Harakatli O'yinlar. Toshkent: Iqsod-moliya. 2015. pp. 193-194.

다낙 야쉬르쉬(Danak yashirish, 씨앗 감추기)

살구가 익어가는 시기에 살구씨를 이용해 즐기는 놀이로, 아이들이 나무에서 떨어진 살구를 함부로 버리지 않고 소중히 모으도록 하는 습관을 형성하고, 주의 집중력과 독창성, 민첩성, 신속성, 지구력을 개발하는 데 도움을 주는 놀이이다.

다낙 야쉬르쉬는 두 명씩 짝을 짓거나 여러 패로 나뉘어 놀이를 진행하는데, 놀이를 시작하기 전에 먼저 사전 놀이를 통해 누가 먼저 문제를 낼 건지 차례를 정한다. 한 아이가 한쪽 손에 씨앗을 감추고 어느 손에 숨겼는지 알아맞힌 아이가 놀이에서 먼저 문제를 낼 수 있는 권한을 갖는다.

놀이가 시작되면, 한 아이는 손에 살구씨를 가득 움켜쥐고 다른 아이들에게 손을 내보이며 "씨앗이 몇 개 있게?"라고 묻는다. 이때 한 손이나 양손을 사용해 씨앗을 쥘 수 있고, 아이들은 씨앗의 개수를 가늠하기 위해 손을 만져볼 수 있다. 아이들이 모두 대답하면, 씨를 쥐고 있는 아이는 손을 펴서 씨앗의 개수를 확인시켜 준다.

놀이를 진행한 아이는 아이들이 말한 숫자 중 가장 큰 수와 적은 수의 차이만큼 씨앗을 내야 하며, 정답을 맞힌 아이는 다음 차례에서 문제를 낸다. 이러한 방식으로 놀이는 계속되며, 마지막에 가장 많은 씨앗을 보유하고 있는 아이가 놀이에서 이긴다.[3]

3) 위의 책, p. 202.

다라(Darra, 채찍)

다라 놀이는 채찍을 들고 있는 술래에게 피해 빠른 속도로 움직이면서 먼저 술래에게 잡힌 아이들을 구출하는 놀이로, 아이들의 경계심, 침착함, 신속성, 민첩성 및 지구력 개발을 돕는다. 놀이를 시작하기 전에 바닥에 지름 15~20m의 커다란 원을 그리고, 그 안에 지름 2~3m의 원을 그린다. 제비뽑기를 통해 술래를 정하며, 술래는 채찍으로 쓸 밧줄이나 끈, 스카프 따위를 들고 작은 원 안에 선다. 나머지 아이들은 큰 원 안에 들어간다.

놀이가 시작되면 술래는 작은 원 중앙에 앉아 머리를 무릎에 대고 자는 시늉을 하고, 큰 원에 있던 아이들이 술래를 흔들어 잠에서 깨운다. 이때 술래는 재빨리 일어나 손에 들고 있던 채찍을 휘둘러서 아이들을 잡는다. 아이들은 술래를 피해 큰 원으로 도망갈 수 있지만, 술래는 작은 원을 벗어날 수 없다.

술래의 채찍이 몸에 닿은 아이는 술래에 잡힌 것으로 보아 작은 원 안에 앉아있어야 한다. 이때부터 아이들은 작은 원에 '묶인' 아이를 구출해야 한다. 술래는 잡은 아이를 탈출하지 못하게 막으면서, 동시에 새로운 아이들을 잡기 위해 채찍을 계속 휘두른다. 술래에게 잡힌 아이들은 미리 잡혀있던 아이의 옆으로 이동하여 앉는다.

놀이는 술래가 모든 아이를 잡을 때까지 계속되며, 술래에게 잡힌 아이들은 작은 원 안에서 몸을 움직이지 않고 가만히 앉아있어야 한다.[4)]

---

4) 위의 책, p. 203.

도르보즐릭(Dorbozlik, 줄타기)

줄타기는 공중에 설치한 줄 위에서 이루어지는 공연 예술이자 서커스의 한 장르로, 줄 위의 불안정한 환경에서도 몸의 균형을 완벽하게 유지하며 다양한 묘기를 선보이는 놀이이다.

줄타기는 약 2,500년 전에 동양에서 시작되어 전 세계로 퍼져나간 것으로 알려져 있다. 본래 줄타기는 비교적 낮은 높이에서 단순한 묘기를 선보이는 놀이였으나 시간이 흐르면서 줄의 높이가 점점 높아졌고 놀이 방법도 복잡하고 정교하게 변화하였다. 18세기 말부터는 서커스 무대에 오르면서 서커스에서 빼놓을 수 없는 대표적인 레퍼토리로 발전하였다.

줄타기는 우즈베크 전통 민속놀이이자 민속 문화 예술에서 매우 인기 있는 장르로 오랜 역사를 가지고 있다. 줄타기를 뜻하는 '도르보즐릭(dorbozlik)' 이란 단어는 14~16세기 중앙아시아 지역에서 사용되기 시작하였고, 일부 문헌에 따르면 티무르제국을 건설했던 아미르 티무르(Amir Temur)의 궁전에서도 화려한 줄타기 놀이 공연이 종종 상연되었다고 한다. 줄타기 놀이는 특히 페르가나 계곡 지대의 쿠바(Quva)와 아사카(Asaka) 지역에서 눈에 띄게 발전하였으며, 18~19세기에 이르러서는 우즈베크 줄타기 꾼들이 중국, 인도, 아프가니스탄, 이란 및 러시아에 방문해 실력을 뽐냈다는 기록이 존재한다. 줄타기 예술은 19~20세기 초에 이르러 투르키스탄 전역으로 전파되었는데, 타슈켄트가 줄타기 예술의 중심이 되었다.

우즈베크 전통 줄타기는 독특한 줄 장치와 줄 위와 아래에서 동시에 진행되는 다채로운 묘기가 특징이다.5) 우즈베크 줄타기 꾼들은 25~30m 높이의 줄 위에서 란가르(langar, 균형을 잡기 위한 긴 폴대)를 잡고 앞으로 달리기, 뒤로 달리기, 제자리에서 뛰기, 다리에 칼이나 쟁반을 묶은 상태로 눈을 가리고 머리에 가방이나 냄비 올리고 걷기, 사다리 타기 등 다양한 동작을 능숙하게 수행한다. 또한, 다른 공연과 결합하여, 줄 위에서 줄타기 공연이 벌어지면, 줄 아래에서는 레슬러, 무용수, 희극인 및 곰, 뱀, 원숭이, 말, 염소 등 훈련된 동물 공연이 펼쳐지기도 한다.

과거 줄타기 공연은 각종 의례, 축제, 명절 및 휴일에 바자르와 레기스탄 광장 등 넓은 야외 마당에서 이루어지는 것이 일반적이었으나, 20세기 아사카 지역 출신의 토쉬칸보이 에감베르디예프(Toshkanboy Egamberdiyev)는 우즈베크 전통 줄타기를 새롭게 발전시켜 예술의 경지로 한층 끌어올렸다. 보호 장비를 착용하면서 1930년대부터 우즈베크 줄타기 공연의 레퍼토리에는 새롭고 다양한 기술들이 추가된 것이다. 어깨나 머리 위에 사람을 올리고 줄타기, 공중제비 돌기, 줄 위에 앉은 사람 위로 뛰어넘기, 줄에 어깨를 기댄 채로 다리 세우기, 줄타기 꾼의 어깨 위에 놓인 나무 사다리 위에 다른 줄타기 꾼이 서기 등 홀로 하는 묘기뿐만 아니라 두 명, 세 명, 네 명이 함께 어울리는 묘기가 상연되기 시작하였다. 또한, 줄타기 장소가 야외에서 실내로 바뀌면서 큰 줄(katta dor) 및 작은 줄(kichik dor, sim-dor) 놀이가 추가되어, 놀이 방법이 더욱 정교해지는 계기를 맞게 되었다. 이러한 복잡한 놀이는 1950~1970년대에 활동했던 쇼키르존 토쉬칸보예프(Shokirjon Toshkanboyev), 오담보이 이브로히모프(Odamboy Ibrohimov), 우스몬전 니숀보예프(Usmonjon Nishonboyev), 파르피예프 가문의 에르가쉬와 하킴존(Ergash va Hakimjon Parpiyevlar), 코심 압둘라예프(Qosim Abdullayev), 조라호자 노르호자예프(Jo'raxo'ja Norxo'jayev)가 이끄는 팀에 의해 수행되었다. 1991년 우즈베키스탄의 독립은 우즈베크 전통 줄타기를 해외에도 알리는 발판이 되었고, 현재 우즈베키스탄의 줄타기 꾼들은 세계 여러 나라에 방문하여 전통 우즈베크식 줄타기 예술을 널리 선보이고 있다.

---

5) https://uzhurriyat.uz/2015/12/12/milliy-dorbozlik-san-ati-istiqboli/ (2022.11.02.검색).

오늘날 우즈베키스탄에는 약 40여 개의 줄타기 가문이 활동 중이다. 줄타기 꾼들의 대부분은 젊은 세대로, 우즈베키스탄 전통 줄타기 기술은 가족 내에서 맺어지는 도제 관계나 우즈베키스탄 공연 예술 및 서커스 학교를 통해 전수되고 있다.

그중에서 특히 '우즈베크국립서커스(O'zbekdavlatsirk)'의 '우즈베키스탄 줄타기 꾼들(O'zbekiston dorbozlari)' 팀의 활약이 눈부시다. 올림존(Olimjon), 토흐르(Tohir), 무라드(Murad)가 이끄는 이 팀은 우즈베키스탄 유명 줄타기 가문인 토쉬칸보예프 집안 출신 사람들로 구성되어 있다. 토쉬칸보예프 가문은 다양한 국제 공연 예술 페스티벌 및 대회에 참가하여 전통 우즈베크식 줄타기로 많은 상을 수상하기도 하였다. 이밖에도 안디잔 지역의 유누살리 고지예프(Yunusali G'oziyev) 가문, 옥탐 유수포프(O'ktam Yusupov) 가문, 페르가나 지역의 투르수날리 마다미노프(Tursunali Madaminov) 가문, 나만간 지역의 바호드르 다다조노프(Bahodir Dadajonov) 가문의 줄타기 팀들은 우즈베키스탄 줄타기 전통의 보존 및 홍보를 위해 꾸준히 노력해오고 있다.

줄타기 놀이는 우즈베키스탄 무형문화유산에 등록되어, 2015년에는 유네스코 세계 무형문화유산 등재가 추진되기도 하였다. 우즈베키스탄은 고유한 줄타기 예술을 홍보하고 새롭게 발전시킴과 동시에 민속놀이에 대한 젊은이들의 관심을 촉구하기 위해 나브로즈(Navro'z), 독립기념일 등 국경일과 명절에 꾸준히 줄타기 대회를 개최하고 있으며 우즈베키스탄 국영방송국(Uzteleradiokompaniya)은 영화 '토쉬칸보예프 가문의 줄타기꾼들'을 제작하였다. 독일의 영화 제작자들에 의해 안디잔 지역의 옥탐 유수포프와 투르수날리 마다미노프 집안 줄타기 꾼들의 활동을 담은 '줄타기(Dorboz, 2012)'란 이름의 영화가 제작되었고, 이밖에도 줄타기 예술과 관련된 다양한 학술연구가 진행 중이다.[6)]

2022년 5월에는 대통령령에 따라 2025년까지 민족스포츠 대중화 및 발전을 위한 프로그램이 발표되었고, 이를 위한 2022~2023년 로드맵이 공개되었다. 이에 따르면 2023년 3월 1일부터 매년 타슈켄트에서는 '우즈베키스탄 민속놀이(Uzbekistan Ethno Games)'가, 히바에서는 2년마다 '국제 민속스포츠 페스티벌

---

6) O'zbekiston milliy entsiklopediyasi. Birinchi jild. Toshkent, 2000. pp. 364–365.

(International Ethnosports Festival)'이 개최될 예정이다. 이와 더불어, 2023년부터 국립 공연 예술 및 서커스 학교에서 레슬링과 줄타기 분야의 주니어 전문가들을 적극적으로 육성하고, 2년마다 레슬링 및 줄타기 꾼들이 참여하는 '레슬러 가문(Polvonlar sulolasi)' 대회를 개최할 계획이라고 한다.[7)]

7) https://kun.uz/news/2022/05/27/polvonlik-va-dorbozlik-yonalishida-orta-bogin-kadrlarini-tayyorlash-yolga-qoyiladi (2022.11.11.검색).

돕프 아쉬라르(Do'ppi yashirar, 돕프 숨기기)

돕프는 우즈베크인들의 전통모자로, 지역, 나이, 성별, 소재, 및 무늬에 따라 다양한 종류가 있다. 돕프 야쉬라르는 '돕프 숨기기'란 뜻으로, 이름 그대로 돕프를 등 뒤에 숨기고 있는 사람을 알아맞히는 놀이이다.

이 놀이는 약 8~10명의 아이가 두 패로 나뉜 상태로 진행한다. 아이들은 돕프를 하나씩 들고 1.5~2m의 거리에서 상대편을 마주 보고 앉는다. 제비뽑기를 통해 어느 패가 먼저 숨긴 돕프를 숨길지 정한다.

아이들은 일렬로 앉아 한 아이의 등 뒤에 돕프를 보이지 않게 숨기고는 상대편을 향해 "다 했다"라고 외친다. 이때 누가 돕프를 숨겼는지 알아챌 수 없게 하기 위해 모두 팔짱을 끼고 있는다. 상대편 아이들은 의논을 통해 돕프를 숨긴 사람을 알아맞히는데, 추리에 성공하면 1점을 얻고, 틀리면 놀이에서 패배한다. 서로 역할을 바꾸어 계속 놀이를 진행하며, 최종적으로 점수를 많이 득점한 패가 놀이에서 이긴다.[8)]

8) Usmanxodjayev, T.S., Isroilov, Sh.X., Pulatov, A.A., Pulatov, Sh.A., 앞의 책, p. 214.

두라(Durra, 손수건)

지역에 따라 두라(Durra), 두라설드(Durrasoldi), 다라설드(Darrasoldi), 부타 설드(Buta soldi), 타쉴라이 타쉴라이(Tashlay tashlay), 타프르 토푸르 칼드르거치(Tapir−to'pur qaldirg'och) 등 다양한 이름으로 불리는 이 놀이는 우리나라의 수건 돌리기와 유사하다. 등 뒤에 수건이 놓인 아이가 술래를 잡기 위해 재빨리 뛰어야 하므로 두라 놀이는 아이들의 주의력과 민첩성, 지구력 및 빨리 달리기의 훈련법이기도 했다.

아이들은 원의 형태로 바닥에 둘러앉고, 술래가 된 한 아이는 손에 수건을 들고 선다. 심판의 신호와 함께 바닥에 앉은 아이들은 허리를 숙여 무릎에 머리를 대고 눈을 감는다. 술래는 원의 바깥쪽을 천천히 돌다가 아무도 눈치채지 못하게 살포시 한 아이의 등 뒤에 수건을 내려놓는다. 아이들은 뒤를 돌아 자신의 뒤에 수건이 놓였는지 확인하고, 수건이 있는 아이는 재빨리 수건을 들고 일어나서 술래를 잡아야 한다. 술래는 아이가 일어난 자리로 뛰어가서 앉는다.

만약 술래가 착석하기 전에 쫓아오던 아이에게 잡히면, 이번에는 반대로 술래가 수건을 들고 있는 아이를 잡기 위해 뛰어야 한다. 수건을 든 아이는 술래를 피해 다시 자기 자리로 돌아와서 앉아야 하는데, 그 전에 술래에게 잡히면 자신이 술래가 되어 놀이가 새로 시작된다.[9)]

9) Rahimqulov Karimjon, Milliy harakatli o'yinlar. Toshkent: Tafakkur−Bo'stoni. 2012. p. 135.

놀이의 끝은 정해져 있지 않고, 보통 3~6분간 계속된다. 자기 뒤에 수건이 놓인 줄 모르는 아이가 있다면, 술래는 한 바퀴 돈 후 아이의 등을 쳐서 수건의 위치를 알리고, 아이는 새로운 술래가 된다.[10]

우즈벡 민족의 정주문명전통에서 많은 영향을 받은 키르기스스탄 남부 지역에서도 특히 전통명절 및 축제 시기에 즐겨하는 공동체 놀이 가운데 하나이다.

10) O'zbekiston Milliy Ensiklopediyasi. Toshkent: Davlat Ilmiy Nashriyoti. 2007. p. 105.

메르간(Mergan, 사격수)

메르간이라 불리는 사격수 놀이는 공을 던져 목표물을 많이 쓰러뜨리는 그룹이 이기는 놀이이다. 아이들은 두 그룹으로 나뉜 후 상대편을 보고 마주 선다. 양쪽 그룹의 아이들이 서 있는 곳에서 6~8m 떨어진 곳, 즉 양쪽 그룹의 정 가운데에 목표물인 막대기를 세우고 심판의 신호에 따라 아이들은 번갈아 공을 던져서 막대기를 쓰러뜨린다. 더 많은 막대기를 쓰러뜨리는 그룹이 놀이에서 이긴다.[11)]

11) Rahimqulov Karimjon, 앞의 책, p. 132.

메흐몬므스즈(Mehmonmisiz, 손님이신가요?)

여자아이들이 하는 놀이로, 두 명 이상의 인원이 참여할 때에는 두 패로 나뉘어서 진행한다. 놀이에서 아이들은 시를 유창하게 읊은 후 술래에게 잡히지 않고 빠른 속도로 도망가야 하므로 민첩성, 신속성. 근력을 향상하고 말하기 능력을 개발할 수 있다.

아이들은 먼저 바닥에 결승선을 그리고 제비뽑기를 통해 시를 읊을 차례를 정한다. 술래가 시를 읊을 아이를 향해 양손 바닥을 펴서 손을 뻗으면, 상대 아이는 운율에 맞춰 다음과 같이 말한다. 말할 때는 더듬지 않고 유창하게 말해야 한다.

주바 주바, (Juba－Juba)
여기 무리가 있어요. (Ana to'da)
아침에 튤립이 폈어요, (Tongda lola)
서두르는 아이가 있어요. (Bir ziq bola.)

밖에 나가보세요, (Ko'chaga chiqing,)
한 소녀가 오고 있어요. (Bir qiz kelyapti.)
머리카락은 얇고, (Sochi mayda,)
손은 허리 위에 있지요. (Qo'li belida.)

아이고, 내 손이야, (Voy qo'lim－ey,)

아이고, 내 허리야. (Voy belim-ey.)

하늘이여, 영혼이여, (Osmonimiz, jonimiz,)

오늘 우리 손님이신가요? (Bugun bizga mehmonmisiz?)

아이는 말을 끝내자마자 손바닥으로 술래의 손바닥을 가볍게 치고 빨리 도망가야 하는데, 이때 술래에게 손을 붙잡히거나 지정된 결승선을 통과하기 전에 술래의 손이 몸에 닿으면 잡힌 것으로 보아 서로 역할을 바꾼다. 같은 방식으로 놀이를 5~6회 반복한다. 민첩한 행동으로 술래에게 잡히지 않는 아이가 놀이에서 승리한다.[12)]

---

12) 위의 책, pp. 123-124.

베쉬 토쉬(Besh tosh, 다섯 개의 돌)

베쉬 토쉬는 작은 돌을 일정한 규칙에 따라 던지고 받는 것으로 5세 이상의 여자아이들 또는 성인들이 즐기는 놀이이다. 개인별 및 그룹별 대결이 가능하며, 제비뽑기로 놀이의 순서를 정한다. 규칙은 간단하지만 빠른 손기술과 민첩성을 필요로 하여 어린이들의 주의력 발달에 도움을 준다.

베쉬 토쉬를 하려면 이름처럼 다섯 개의 돌이 필요하다. 다섯 개의 돌은 손으로 잡기 쉬운 둥근 모양에 작은 크기인 것이 좋고, 눈에 잘 띄도록 하얀 빛깔의 돌을 준비하는 것이 좋다.

놀이는 총 10단계로 진행되며, 가장 빨리 모든 단계를 사람이나 그룹이 놀이에서 이긴다. 놀이 도중에 실수하게 되면 실격되어 다음 사람에게 차례가 넘어가며, 다시 본인의 차례가 돌아왔을 때 실수한 단계부터 놀이를 이어나갈 수 있다. 놀이의 방법은 지역에 따라 매우 다양하게 나타나고, 대표적인 방법은 다음과 같다.[13)]

---

13) https://mixcoin.ru/uz/strategii/pyat-kamnei-sredi-igr-6-bukv-skanvord/ (2022.10.11. 검색).

① 1단계: 한 개씩 집기

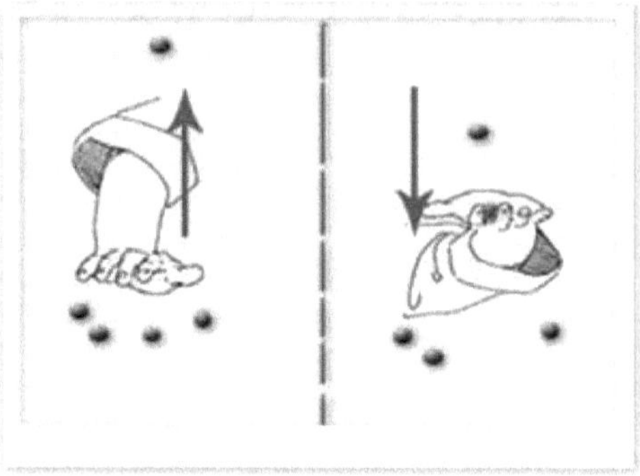

베쉬 토쉬의 1단계 놀이 방법

1단계에서는 돌을 하나씩 집어 올린다. 먼저 다섯 개의 돌을 땅에 던진 후 한 개의 돌을 선택하여 집는다. 집은 돌을 위로 던지고 바닥에 있던 나머지 돌을 하나씩 집어 올린 후 던졌던 돌이 바닥에 떨어지기 전에 잡아야 한다. 떨어지는 돌을 받지 못하면 실격된다. 바닥에 놓인 돌을 집을 때는 한 손만 이용해야 하지만, 공중에서 떨어지는 돌을 잡을 때는 양손을 함께 사용할 수 있다.

② 2단계: 두 개씩 집기

1단계처럼 땅에 던진 다섯 개의 돌 중 하나를 선택해서 위로 던지는데, 2단계에서는 바닥에 있던 돌을 두 개씩 두 번 집어 올리고 공중에서 떨어지는 돌도 실수 없이 잡아내야 한다.

③ 3단계: 세 개씩 집기

3단계는 위로 돌을 던진 후 한꺼번에 세 개를 집는다. 성공하면 집은 세 개의 돌을 옆으로 옮기고, 나머지 한 개의 돌도 같은 방식으로 집어야 한다.

④ 4단계: 네 개씩 집기

4단계에서는 네 개의 돌을 동시에 집어야 하므로 다섯 개의 돌을 바닥에 던진 후에 가장 먼 곳에 떨어진 돌을 선택하는 것이 좋다. 앞 단계와 마찬가지로 선택한 돌을 위로 던지고 바닥에 남은 돌을 모두 쓸어 집은 후 떨어지고 있는 돌도 실수 없이 잡아야 한다.

⑤ 5단계: 작은 집에 넣기

5단계에서는 반대쪽 손의 도움이 필요하다. 반대쪽 손의 검지를 중지 뒤로 넘기고 엄지와 함께 바닥을 짚어 삼각형의 '작은 집'을 형성한다. 이번 단계에서는 위로 던져올린 돌이 땅에 떨어지기 전에 바닥에 있던 돌을 하나씩 작은 집 안으로 쓸어 넣어야 한다. 집 안에 한 번에 넣을 수 없다면 성공할 때까지 여러 번에 걸쳐 돌을 쓸어 넣을 수 있다. 바닥에 놓인 네 개의 돌을 집 안에 넣은 후에 하늘로 던져올린 돌도 잡아 집 안으로 던져 넣어야 한다.

⑥ 6단계: 손등으로 받기

6단계에서는 돌 다섯 개를 던져 올렸다가 재빨리 손바닥을 뒤집어 떨어지는 돌을 손등으로 받는다. 이때 1개 이상의 돌이 손등 위에 남아있어야 실격되지 않는다. 손 등에 앉은 돌을 떨어뜨리지 않고 바닥에 떨어진 돌을 하나씩 집어 반대쪽 손바닥 위에 올려놓는다. 모든 돌을 올려놓는 데 성공하면, 손등에 얹힌 돌을 다시 하늘로 던져 올리고 재빨리 손바닥을 뒤집어 양손으로 떨어지는 돌을 받는다.

⑦ 7단계: 작은 집에 넣기

5단계처럼 반대쪽 손의 도움이 필요하다. 다만 이번에는 반대쪽 손 검지와 중지를 펴 브이(V)자 모양으로 만든 뒤 바닥을 짚어 삼각형 모양을 만든 후 놀이를 진행한다. 놀이 방법은 5단계와 같다.

⑧ 8단계: 'shaq-shaq(샤크샤)'

'샤크샤'은 우즈베크어로 돌이 부딪히는 소리를 나타내는 의성어로, 이번 단계에서는 반드시 돌과 돌이 부딪쳐 '딱딱' 하는 소리가 나야 한다. 바닥에 다섯 개의 돌을 던진 후, 양손을 깍지끼고 손바닥을 벌리고 위 사진처럼 양손의 검지를 이용하여 바닥에 떨어진 돌을 위로 던져 손바닥으로 받는다. 두 번째 올리는 돌부터는 반드시 손바닥에 있던 돌과 부딪쳐 '딱딱' 소리를 내야 한다.

⑨ 9단계: 작은 집에 넣기

5단계, 7단계와 마찬가지로 반대쪽 손의 도움이 필요하다. 손으로 'OK' 사인

처럼 엄지와 검지를 서로 맞붙게 하여 동그라미 모양의 '작은 집'을 형성하고, 손가락을 땅에 붙인 후에 5단계처럼 놀이를 진행한다. 돌이 집 안으로 쉽게 들어가게 하기 위해 돌이 굴러 들어올 때 집 모양을 형성했던 엄지와 검지를 살짝 떼어 집의 입구를 크게 만들어줄 수 있다.

⑩ 10단계: 결승

10단계는 마지막 단계로 양 손바닥을 붙이고, 다섯 개의 돌을 손바닥 위에 올린다. 그 상태로 두 번 하늘 위로 돌을 던져 받고, 마지막 세 번째에는 돌을 던진 뒤 양 손바닥을 뒤집어 손등으로 모든 돌을 받아낸다. 다시 한번 돌을 위로 던진 후에 또 한 번 손등을 뒤집어 손바닥으로 돌을 잡으면 놀이에서 이긴다.

베쉬토시는 정주문명 전통권인 현대 우즈베크 민족 전통놀이에서는 작은 돌을 이용하지만, 유목문명 전통권인 현대 카자흐, 또는 키르기스 민족 전통놀이에서는 돌 대신 동물 뼈를 이용하여 놀이를 하는 특징도 가지고 있다.

베킨마초크(Bekinmachoq, 숨바꼭질)

베킨마초크는 수풀이 있는 곳이나 집안에서 하는 숨바꼭질 놀이로 어린이들의 관찰력, 주의력, 민첩성 및 기지 발달에 도움을 준다. 베킨마초크를 시작하기 전에 먼저 결승선에 남아있을 술래 한 명을 정한다. 술래를 정하기 위해 아이들은 다 같이 "베킨마초크, 오쉬[14]에 칼 찔러 넣기, 누가 달을 보았니? (Bekinmachoq, oshga pichoq, kim oyni ko'rdi?)"라고 말한다. 말이 끝나자마자 손을 드는데, 이때 가장 늦게 손을 든 아이가 술래가 된다.

술래는 바닥에 눕거나 벽에 얼굴을 대고 다른 아이들이 몸을 다 숨길 때까지 기다린다. 일정 시간이 지나면 술래는 "다 숨었어? 다 숨었어?"라고 확인한 후, 7까지 숫자를 센다. "하나, 둘, 셋, 넷, 다섯, 여섯, 일곱, 나 시작한다."라고 외친 술래는 눈을 뜨고 주위를 둘러보며 숨어 있는 아이들을 찾기 시작한다.

숨어 있는 아이를 발견하면 술래는 "~을 찾았어!"라고 찾은 아이의 이름을 외치고, 이름이 불린 아이는 잡힌 것으로 보아 결승선 안으로 들어온다. 나머지 아이들은 술래에게 발각되지 않도록 조용히 눈을 피해 결승선 안으로 들어와야 한다. 모든 아이가 결승선으로 들어오면 놀이는 종료되며, 새로운 술래를 결정하여 놀이를 다시 시작한다.[15]

---

14) 오쉬(Osh)는 우즈베크인들의 모든 명절, 의례, 잔치, 손님 접대 식탁에서 절대 빠지지 않는 우즈베크인들이 가장 사랑하는 전통 음식이다. 쌀, 양(소)고기와 함께 비계, 양파, 노란 당근, 주황 당근, 병아리콩, 커민, 소금, 후추 등 갖은 재료를 넣어 만든다.

15) Usmanxodjayev, T.S., Isroilov, Sh.X., Pulatov, A.A., Pulatov, Sh.A., 앞의 책, p. 200.

보론(Bo'ron, 눈보라)

두 패로 나뉜 아이들이 매듭을 서로 뺏고 빼앗다가 가장 먼저 결승선으로 가지고 들어오는 패가 승리하는 놀이로, 럭비와 유사하다. 아이들은 매듭을 서로 차지하기 위해 힘을 써야 하므로 아이들은 이 놀이를 통해 민첩성, 멀리 던지기 능력 및 근력을 향상시킬 수 있다.

보론은 넓은 잔디밭이나 운동장 등 실외에서 진행되며, 아이들은 두 패로 나뉘어 놀이 장소에 넓게 퍼져 선다. 놀이를 시작하기 전에 바닥 한쪽에 지름 1.5m 크기의 원을 그리고, 300~500g 무게의 벨트를 이용해 손으로 잡기 쉬운 매듭을 만들어야 한다.

심판이 아이들이 서 있는 곳에서 최소 30m 떨어진 곳으로 매듭을 던지면 놀이가 시작된다. 아이들은 빠르게 달려나가 매듭을 낚아채고, 같은 편 친구들에게 전달하여 지정된 결승선까지 매듭을 가져와야 한다. 이 과정에서 상대편의 매듭을 빼앗기 위해 힘을 사용할 수 있으나 상대방을 무리하게 밀거나 흔들기, 옷을 잡고 늘어지는 것은 허용되지 않는다. 결승선으로 매듭을 가장 먼저 던진 쪽이 놀이에서 이긴다.[16]

16) Rahimqulov Karimjon, 앞의 책, pp. 102-103.

보쉬 오른(Bo‘sh o‘rin, 빈자리)

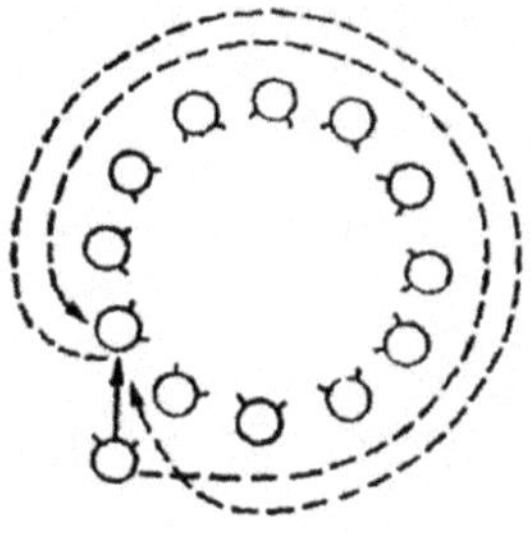

보쉬 오른 놀이 방법[17)]

보쉬 오른은 우즈베크어로 ‘빈자리’라는 뜻으로 빠른 속도로 달려나가 비어있는 자리를 차지하는 놀이이다. 술래를 제외한 모든 아이는 서로 한 발짝 떨어진 거리에서 큰 원의 형태를 이루고 선다. 술래는 아이들 뒤에서 원을 따라 천천히 돌다가 참가자 중 한 명을 앞으로 살짝 밀고 원래 돌던 방향으로 빠르게 달린다. 술래에게 밀쳐진 사람은 술래와 반대 방향으로 빠르게 달려나가 비어있는 자리를 차지해야 한다. 즉, 두 사람은 서로 반대 방향으로 달려서 비어있는 자리를 빨리 차지해야 한다. 먼저 도착한 사람이 빈자리에 설 수 있으며, 도달하지 못한 사람은 술래가 되어 놀이는 계속된다. 달리기를 모둠발 뛰기로 대체하여 놀이할 수 있다.[18)]

17) 위의 책, p. 131.

18) Usmanxodjayev, T.S., Isroilov, Sh.X., Pulatov, A.A., Pulatov, Sh.A., 앞의 책, p. 211.

에샤 민드(Eshak mindi, 당나귀를 탔다)

에샤 민드는 '당나귀를 탔다'라는 뜻의 남자아이들의 놀이로, 지역에 따라서는 '말을 탔다'라는 뜻의 'Otga mindi(옷가 민드)'라고 불리기도 한다. 터키에도 유사한 놀이가 있는데, 5－7명이 놀이에 참여한다. 에샤 민드는 크게 두 가지의 놀이 방법이 있다.

첫 번째 방법은 우리의 말뚝박기와 유사하다. 놀이에 참여하는 아이들은 두 그룹으로 나뉘는데, 한 그룹의 인원이 4명을 초과하지 않도록 한다. 놀이에 앞서 먼저 제비뽑기를 통해 어느 쪽이 당나귀 역할을 맡을지 정한다. 당나귀 역할을 맡은 그룹은 한 아이의 등 뒤로 나머지 아이들이 허리를 숙이고 줄줄이 선다. 당나귀가 된 아이들 등 위로 상대편 아이들이 한 명씩 올라타기 시작하는데 이 무게를 못 버티고 무너지면 놀이는 처음부터 다시 시작되어야 한다. 그러나 일정 시간 동안 무게를 버텨내는 데 성공하면, 이번에는 서로 역할을 바꾼다. 놀이는 같은 방식으로 여러 번 반복되며, 허리를 가장 많이 숙인 그룹이 놀이에서 진 것으로 간주한다.[19]

19) https://uz.denemetr.com/docs/769/index－327457－1.html?page＝11 (2022.10.18.검색).

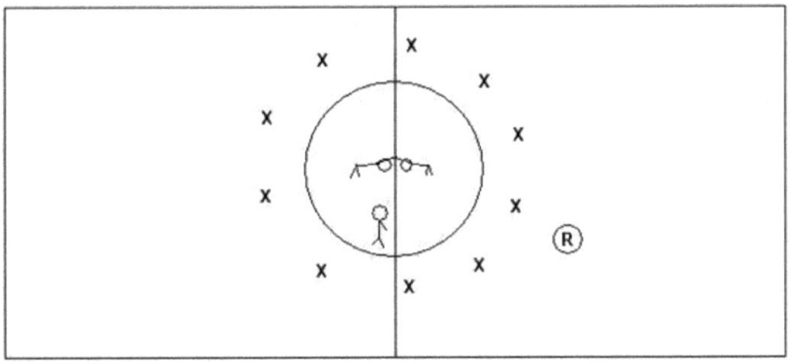

에샤 민드의 두 번째 놀이 방법

두 번째 놀이 방법에는 심판이 개입한다. 아이들은 원 모양으로 서고, 원 안에는 세 명의 아이가 들어간다. 원 안에 들어간 아이들 중 두 명은 당나귀 역할을 맡고, 한 명은 파수꾼이 된다. 당나귀가 된 두 아이는 서로를 마주 본 상태에서 허리를 숙이고, 파수꾼은 당나귀 주변에 선다.

심판의 신호를 주면 원 밖에 서 있던 아이들이 당나귀 위에 올라타기 위해 접근하고, 파수꾼은 아이들이 당나귀 위에 타지 못하게 방어한다. 이때 파수꾼의 손이 닿은 아이는 파수꾼에게 잡힌 것으로 간주하여, 당나귀와 역할을 바꾸고 놀이를 새로 시작한다. 같은 방식으로 놀이는 여러 번 반복된다.

에치키 볼랄라르(Echki bolalar, 새끼염소)

어미 염소의 역할을 맡은 아이가 새끼 염소의 역할을 맡은 아이들을 잡는 것으로, 아이들의 주의집중력, 통찰력, 민첩성, 지구력 및 인내심 향상에 긍정적인 영향을 미치는 놀이이다. 놀이에는 8~10명이 참여하고, 어미 염소가 될 사람을 한 명 정한다. 나머지 아이들은 새끼 염소의 역할을 맡는다. 새끼 염소들은 손을 잡고 둥근 원의 형태로 서고, 원 중앙에는 어미 염소가 서서 요리하는 시늉을 하면 놀이가 시작된다.

먼저 새끼 염소를 맡은 한 아이가 어미 염소에게 와서 같이 요리하자고 말한다. 어미 염소는 안 된다고 말하고 가서 놀고 있으라고 한다. 잠시 후, 어미 염소 옆으로 두 번째 새끼 염소가 다가온다. 어미 염소는 이제 음식이 다 익었으니 그릇을 씻어서 가져오라고 말한다. 이때 새끼 염소는 접시를 깨뜨리는 시늉을 하고, 나머지 아이들은 접시가 깨졌다고 소리친다. 이 말을 신호로 새끼 염소들은 어미 염소를 피해 도망가고, 어미 염소는 새끼 염소를 잡기 시작한다. 어미 염소에게 잡힌 아이는 다음 놀이에서 어미 염소의 역할을 맡는다.[20]

20) Usmanxodjayev, T.S., Isroilov, Sh.X., Pulatov, A.A., Pulatov, Sh.A., 앞의 책, p. 209.

옐카다 쿠라쉬시(Yelkada kurashish, 어깨싸움)

옐카다 쿠라쉬시는 어깨 씨름으로 땅 위에 서서 하는 보통의 씨름과 달리, 사람에게 업힌 상태로 힘을 겨루는 청년들의 놀이이다. 어깨 씨름은 풀밭 등 바닥이 딱딱하지 않은 장소에서 놀이하며, 몸무게를 고려하여 무거운 사람이 가벼운 사람을 업도록 한다. 업는 역할을 하는 사람은 위에 올라탄 사람이 잘 싸울 수 있도록 무릎을 꽉 잡아 몸을 지탱해 주는 역할을 하며, 등에 업혀 있는 사람만이 상대와 힘을 겨룰 수 있다.

놀이 참여자들은 서로 협의를 통해 팀을 나누고, 각 팀에서 두 명씩 출전한다. 중앙에 있는 심판이 휘파람을 불면, 업혀 있는 사람끼리 밀고 밀치며 서로를 바닥으로 떨어뜨리기 위해 힘을 겨룬다. 상대방을 먼저 땅에 쓰러뜨린 사람이 놀이에서 이기고 점수를 얻는다. 여러 번 대전하여 상대방을 많이 쓰러뜨린 팀이 놀이에서 이긴다.[21)]

21) Rahimqulov Karimjon, 앞의 책, pp. 101–102.

오크 토쉬(Oq tosh, 하얀 돌)

오크 토쉬

오크 토쉬는 흰색의 돌을 이용한 놀이이다. 10~40명의 많은 인원이 참여할 수 있으며, 드넓은 야외 들판, 운동장 등 실외 및 실내 공간에서도 놀이를 진행할 수 있다. 놀이를 시작하기 전에 아이들은 두 팀으로 나눈 뒤 각 팀의 주장을 뽑고, 심판은 놀이 공간 안에서 눈에 잘 띄지 않는 곳에 돌을 미리 숨겨 놓는다. 각 팀의 주장은 돌을 효율적으로 찾기 위해 돌을 수색할 구역을 나누어 자신의 팀원들에게 미리 알려준다.

심판이 시작 신호를 주면, 아이들은 자기가 맡기로 한 구역으로 뿔뿔이 흩어져 숨겨진 돌을 찾는다. 돌이 한번 발견된 후에는 돌을 다시 숨길 수 없고, 돌을 발견한 사람은 상대편이 눈치채지 못하게 조심히 심판에게 돌을 전달해야 한다. 이 과정에서 자신의 팀원들을 통해 심판에게 전달해도 된다. 그러나 돌을 발견한 사실을 상대편이 알게 되면 아이들은 돌을 빼앗기 위해 달려들고, 돌을 들고 있다가 상대 팀원에게 잡히면 자신을 잡은 상대에게 그 즉시 돌을 넘겨야 한다. 돌을 건네받은 아이 또한 상대편 아이들을 피해 심판에게 돌을 전달해야 한다. 심판이 돌을 받는 순간 놀이는 종료되며, 돌을 갖다 준 팀이 놀이에서 승리한다.

오크 토쉬 놀이는 많은 수의 아이들이 함께 의논하고 계획을 세워 공동의 목표를 달성하기 위해 노력하는 놀이이므로, 아이들은 자기 팀과 팀원들에 대한 책임감을 키울 수 있다.[22)]

22) Usmanxodjayev, T.S., Isroilov, Sh.X., Pulatov, A.A., Pulatov, Sh.A., 앞의 책, pp. 184–185.

오크 테락므? 콕 테락?(Oq terakmi? ko'k terak? 하얀 미루나무인가요? 푸른 미루나무인가요?)

우리의 '꽃 찾기 놀이' 또는 '우리 집에 왜 왔니'라고 불리는 놀이와 유사한 어린이 신체활동 놀이이다. 이 놀이의 특징은 쏜살같이 달려서 상대편 아이들이 서로 붙잡고 서 있는 손 고리를 끊어내는 것으로, 빨리 달리는 능력을 개발하고 민첩성 및 주의력 향상에 도움을 준다. 또한, 손을 잡은 상태에서 놀이가 진행되므로 아이들은 이 놀이를 통해 서로 간의 유대감과 친밀감을 형성할 수 있다.[23)]

아이들은 키, 힘 및 민첩성에 따라 공평하게 두 편으로 나뉜 뒤, 각자 자기편의 주장을 정한다. 보통 한 쪽의 인원이 10~20명이다. 두 편은 15~20m 정도 거리를 두고 서로를 마주 보고 서서, 같은 편끼리 손을 잡는다. 이때 서로 붙잡은 손을 놓치지 않기 위해 손수건이나 밧줄 등의 도구로 손을 묶는 것은 금지이다.

먼저 한쪽 편에서 박자에 맞춰 "하얀 미루나무인가요, 푸른 미루나무인가요? 우리 중에 누가 필요한가요?"라고 상대편을 향해 묻는다. 이에 반대편 주장은 상대편에서 데려오고 싶은 사람의 이름을 넣어서 "우리는 ~이/가 필요합니다"라고 대답한다. 이때 호명된 아이는 빠르고 힘차게 뛰어나가 자신의 가슴팍으로 상대편 아이들이 붙잡고 서 있는 손 고리를 끊어야 한다. 손 고리를 끊어내는 데 성공하면 상대편 아이들 중에 한 명을 자기편으로 데리고 돌아올 수 있지만, 실패하게 되면 다시 시도할 기회는 주어지지 않으며 자신이 상대편에 남아야 한다. 그러므

23) 위의 책, pp. 202-203.

로 놀이에서 호명된 아이들은 불시에 상대편 아이들의 손 고리를 끊기 위해 다양한 방법으로 아이들의 주의를 산만하게 만들기 위해 노력한다. 놀이는 상대편에 한 사람도 남지 않을 때까지 계속되며, 더 이상 호명할 사람이 없으면 놀이에서 이긴다.[24]

24) O'zbekiston milliy entsiklopediyasi. Birinchi jild. Toshkent, 2000. p. 303.

우릅 코치드(Urib qochdi, 치고 도망가기)

파수꾼을 피해 담요를 덮고 누워있는 아이를 재빨리 스카프로 때리고 도망가는 놀이로, 놀이를 통해 아이들은 빠르고 민첩하게 움직이는 방법과 다른 사람과 함께 움직이는 방법, 손과 발을 함께 사용하는 방법을 배울 수 있다.

놀이를 시작하기 전에 담요와 10m 길이의 밧줄을 준비하고, 아이들은 각자 스카프를 소지한 후 두 패로 나뉜다. 먼저 한쪽 패의 아이들이 풀밭에 눕고 파수꾼이 된다. 한 아이가 풀밭에 누우면 10m 밧줄로 아이의 손을 묶고, 밧줄의 한쪽 끝을 파수꾼이 잡고 선다. 누운 아이 위에 담요를 덮는데 이때 아이는 반드시 땅을 향해 등을 돌리고 누운 상태여야 하며, 파수꾼과 담요 밑에 누운 사람은 놀이하는 도중에 절대로 밧줄을 놓쳐서는 안 된다. 파수꾼은 다른 한쪽 손에 스카프를 들고 다른 아이들이 가까이 다가오지 못하도록 스카프를 휘두르고 발로 방어한다.

놀이가 시작되면 아이들은 파수꾼을 피해 스카프나 다리로 담요를 덮고 있는 아이를 때리고 도망가야 한다. 이때 파수꾼에게 잡히면 놀이에서 진다. 파수꾼은 지정된 경계를 벗어나 아이들을 잡을 수 없고, 방어하는 과정에서 아이들을 세게 때리거나 세게 걷어차서는 안 된다. 담요 밑에 누운 아이는 움직여서는 안 된다.[25)]

25) Rahimqulov Karimjon, 앞의 책, pp. 113－114.

이즈보쉬칠라르(Izvoshchilar, 마부)

이즈보쉬칠라르는 공간의 제약 없이 실외와 실내에서 모두 즐길 수 있는 놀이이다. 바닥에 선을 긋거나 물체를 세워 놀이할 공간을 표시하고 한쪽 구석을 '마구간'이라 부른다. 아이들은 4명으로 구성된 패로 나뉜 뒤, 자기 팀에서 마부를 맡을 사람을 한 명씩 정하고, 나머지 세 사람은 말의 역할을 맡는다. 말은 마구간에 모이고 마부는 말의 반대편에 선다.

놀이가 시작되면 심판은 마부들을 마구간으로 보낸다. 마부는 마차에 3마리의 말을 결합하듯 일렬로 선다. 심판이 "말이여, 행진하라!"라고 명령하면 세 마리의 말을 이끄는 마부들은 일제히 원의 형태로 둥글게 돌기 시작한다. 다시 심판이 "마부들이여, 해산하라!"라는 명령하면 말은 사방으로 달려나가고, 마부들도 놀이가 시작되기 전에 서 있던 곳으로 달려간다. 다시 한번 심판이 "마부들이여, 말을 결합하라!"라고 명령하면, 마부는 다시 자기의 말들을 모두 잡아서 마구간으로 데려온다. 마부들은 오직 심판이 명령을 내린 후에만 말을 잡을 수 있고, 명령과 상관없이 잡은 말은 무효이다. 가장 먼저 말을 다 모은 마부는 '민첩한 마부'로 뽑히며, 마지막에 잡힌 말은 '최고의 말'로 본다.

이 놀이는 아이들이 빠른 속도로 달려야 하고, 패를 이루어 단체 행동을 해야 하므로 아이들의 민첩성, 신체적 반응 속도 및 빨리 달리기 능력을 개발하고, 협동심을 키우는 데 도움을 준다.[26)]

26) 위의 책, pp. 107－108.

이키 아요즈(Ikki ayoz, 두 서리)

'두 서리'라는 이름을 가진 이키 아요즈는 서리 역할을 맡은 두 명의 술래가 이리저리 뛰어다니며 아이들을 잡는 놀이로 우리의 얼음 땡과 매우 유사하다. 먼저 놀이를 시작하기 전에 바닥에 놀이할 장소를 명확하게 표시한다. 마당의 양쪽 경계에서 서너 걸음 안쪽으로 평행선을 하나씩 그리고, 평행선의 바깥쪽을 '집'이라 부른다. 술래로 결정된 두 명의 아이는 마당 한가운데 서고, 나머지 아이들은 평행선의 바깥쪽인 집에 선다.

놀이가 시작되면 심판의 지시에 따라 술래들이 다음과 같이 큰 소리로 외친다.

튼튼한 형제들인 (Og'a－ini navqiron,)
두 서리는 영웅이지. (Ikki ayoz qahramon.)
나는 빨간 코를 가진 서리, (Men qizil burun — ayoz,
나는 파란 코를 가진 서리. (Men ko'm－ko'k burun ayoz.)
용기를 가진 자, 게 있느냐? (Bormi jur'at etuvchi,)
여행을 떠날 자, 게 있느냐? (Yo'l－safarga chiquvchi)

술래의 말이 끝나면 아이들이 대답한다.

협박 따위 신경 쓰지 않아. (Do'qni pisand qilmaymiz.)
추위도 전혀 두렵지 않아. (Sovuqdan hech qo 'rqmaymiz).

대답을 마친 아이들은 마당의 반대편에 있는 집을 향해 달려나간다. 이때 술래들은 마치 사람에게 달려드는 추위처럼 마당 안으로 들어온 아이들을 잡기 위해 달려든다. 아이들은 술래를 피해 같은 집으로 다시 돌아올 수는 있지만, 달리면서 서로를 밀쳐서는 안 된다. 술래는 집 안으로 들어온 아이들을 잡을 수는 없다. 반대편 집을 향해 달리다가 술래에게 잡힌 아이는 서리를 맞아 얼어붙은 것처럼 그 자리에 멈춰서야 한다. 나머지 아이들은 집 안으로 모이고, 심판은 서리에게 잡힌 아이들을 확인한다.

같은 방식으로 아이들은 마당의 한쪽에서 반대쪽으로 여러 번 달리고, 술래는 마당 안을 통과하는 아이들을 잡는다. 마당에서 얼어 붙은 아이들은 다른 아이들이 지나가면서 손으로 쳐 주어야 추위에서 깨어나 원래 상태로 돌아올 수 있다. 일정 시간이 지나면 술래를 바꾸어 새롭게 놀이를 시작한다. 최종적으로 가장 많이 아이들을 얼어붙게 만든 술래가 놀이에서 이기고, 단 한 명도 잡지 못하거나 다른 술래들에 비해 아이들을 적게 잡은 술래는 진다.[27]

27) Usmanxodjayev, T.S., Isroilov, Sh.X., Pulatov, A.A., Pulatov, Sh.A., 앞의 책, pp. 211−212.

주프트므 토크 (Juftmi-toq, 홀수게, 짝수게?)

손에 쥐고 있는 씨앗이 홀수인지 짝수인지 맞히는 어린아이들의 놀이이다. 제비뽑기를 통해 아이들은 두 패로 나뉘고, 각자 원하는 만큼의 씨앗과 견과류를 챙긴다. 놀이가 시작되면 아이들은 손에 씨앗과 견과류를 숨기고 상대편 아이들에게 "홀수게, 짝수게?"라고 묻는다. 상대편 아이들은 짝수일지 홀수일지 추측해서, "짝수" 또는 "홀수"라고 대답해야 한다. 답을 맞히면 아이들이 쥐고 있는 씨앗을 모두 가져올 수 있다. 상대편이 가지고 있는 씨앗을 몰래 훔쳐보는 것을 방지하기 위해 두 패는 약 1m 이상의 거리를 유지하여야 하며, 추측하는 과정에서 손을 만져보고 가늠하는 것은 반칙이다. 이 놀이는 아이들의 통찰력과 대담성을 기르는 데 도움을 준다.[28)]

28) Rahimqulov Karimjon, 앞의 책, pp. 108–109.

차반도즈(Chavandoz, 기수)

한 발로 뛰며 상대편 아이들을 잡는 놀이로, 10~12명의 아이가 참여할 수 있다. 아이들은 두 편으로 나뉘어 자기 편의 이름을 짓고, 바닥에는 놀이 공간이 될 7~9m 크기의 네모를 그린다. 제비뽑기를 통해 어느 편이 먼저 네모 안으로 들어갈지 정한다. 네모 바깥에 서는 아이들은 네모 안쪽을 바라보며 일렬로 서고, 네모 안에 들어간 아이들은 그 안에서 자유롭게 움직인다.

심판의 신호에 따라 네모 바깥에 서 있던 패의 한 아이가 한쪽 무릎을 접어 발을 뒤로 가게 하고, 그 발이 떨어지지 않도록 손으로 잡은 뒤 한 발로 뛰어서 네모 안으로 들어간다. 아이의 임무는 한 발로 뛰면서 한 손으로 아이들을 잡는 것이다. 손으로 상대편 아이들의 신체를 터치하는 것만으로도 잡은 것으로 인정된다. 잡힌 아이들은 놀이 공간에서 나와 지정된 장소로 이동해야 한다.

아이들을 잡을 수 있는 시간으로 약 20초가 주어지는데, 같은 편 아이들이 1부터 20까지 큰 소리로 함께 시간을 함께 세준다. 시간이 다 되면, 심판은 잡힌 아이들의 수를 센다. 모든 아이가 한 번씩 다 잡는 역할을 했으면 다음번에는 두 패가 서로 역할을 바꾸어 놀이한다. 이 놀이는 제한된 공간 안에서 술래를 피해 빠르게 움직여야 하므로 아이들의 기민성, 민첩성을 발달시키고, 목표 달성을 위해 다른 친구들과 함께 노력하며 친구의 강점을 긍정적으로 평가하는 데 도움을 준다.[29]

29) 위의 책, pp. 106－107.

키칙 울로크(Kichik uloq, 작은 울로크)

잔디밭 또는 실내에서 진행되는 남자아이들의 놀이이다. 참여자들은 두 패로 나뉘는데, 한쪽 당 최소 4명 이상이 인원이 참여한다. 놀이가 진행되는 경기장의 한쪽 구석에 1.5m 크기의 원을 그리는데, 이 원은 골대가 된다. 놀이를 시작하기 전에 죽은 양 또는 염소의 가죽을 이용하여 길이 40cm, 너비 15~20cm의 '울로크(uloq)'[30]를 만드는데, 가죽을 구할 수 없다면 헝겊이나 낡은 이불로 대신 만들 수도 있다.

두 팀의 선수들이 경기장 가장자리에 줄을 서고 심판이 호각을 불면. 경기장 한가운데로 울로크가 던져지며 놀이가 시작된다. 선수들은 울로크를 서로 차지하기 위해 상대방을 거칠게 밀치면서 경기장으로 달려나간다. 울로크를 뺏고 빼앗기는 과정에서 미리 그려 놓았던 골대에 가장 먼저 울로크를 가져와서 넣는 사람이 놀이에서 이긴다.

놀이의 핵심은 빠르게 달려나가 울로크를 차지하는 것으로, 이 놀이는 아이들의 기민함, 빠른 움직임, 민첩성 및 근력을 개발하고 공동의 목표를 위해 개인이 맡은 역할을 잘 수행할 수 있게 하는 책임감 형성에 도움을 준다. 놀이가 종료되면 참여한 선수 중에 가장 빠르고 민첩하게 경기한 기수를 뽑아 상을 준다.[31]

---

30) 본래 양이나 염소, 송아지를 도살하여 머리, 다리를 제거한 것을 울로크(uloq)라 한다.
31) 위의 책, pp. 119－120.

이 놀이는 본래 콥카리(Ko'pkari) 또는 울로크(Uloq)라고 불리는 중앙아시아 유목민족의 전통놀이를 단순화시킨 것이다. 콥카리는 말을 타고 하는 놀이로, 비단 우즈베키스탄뿐만 아니라 이웃 중앙아시아 국가들, 몽골, 아프가니스탄, 파키스탄 및 아제르바이잔의 일부 지역에도 존재하고 있다.

콕파르(Kokpar), 쿱카리(Kuppari), 콕보루(Kokboru)(양 빼앗기 게임)

콕파르는 양 빼앗기 게임으로 중앙아시아의 여러 유목민들이 명절이나 축제가 있을 때 즐겨했던 전통 마상유희로 구분되지만, 실제의 내용이나 형태를 보면 전통 유목공동체 시기에는 일종의 마상 무예 및 훈련의 성격을 가지고 있었다. 일명 'Central Asian Dead Goat Polo(중앙아시아의 죽은 염소 폴로경기)'라고 불리며 역사는 수백년 또는 수천년 전으로 거슬러 올라간다. 이 유희는 과거 유목사회에서 비롯되었다. 말 사냥꾼 그룹이 늑대를 죽이고 늑대를 서로 훔치는 게임을 하면서 서로의 집을 차지할 때다.

중앙아시아 지역의 유목민들이 즐겨하는 경기로, 말을 타고 양을 빼앗아 달리다가 목적지(골대)에 던져 넣는 이 경기는 우즈베키스탄의 몇몇 지역에서 울라크라고도 불린다. 쿱카리는 2개의 팀으로 나뉘어 경기가 진행하는데, 머리가 없고 텅 빈 30－40kg 무게의 염소시체를 반대편의 골라인을 향해 돌진하여 점수를 획득하는 팀 경기이다.

전통적인 게임 방식은 이는 개인 대 단체전의 형태로 이루어졌는데, 최종 1인의 승자가 나타날 때까지 경기에 참여한 모두가 가장 앞서는 개인의 우승을 막기 위한 형태로 진행되었다. 이러한 과정은 유목공동체에서 가장 말을 타면서도 뛰어난 신체능력을 지닌 개인의 우승으로 이어졌기 때문에 자연스레 유목공동체의 지도자 후보를 가려내는 기능을 했으며, 승마와 힘겨루기가 매우 탁월한 개인과 이를 저지하는 또 다른 개인들의 집합의 형태로 이루어져 평시 유목공동체의 전사들의 훈련이라는 성격도 가지고 있었다.

중앙아시아 독립이후 콕파르는 국제적인 확산과 표준화의 형태로 유목전통을 이어받은 국가들의 전통 스포츠 경기로 변모했다. 따라서 매년 또는 격년 으로 유목전통권에 속했던 유라시아 대륙의 국가들이 주최하는 세계유목민 경기대회 등에서 주요한 단체전 경기종목으로 부각되었다.

전통적인 콕파르에서는 광활한 초원지대 전체를 활용하였기 때문에 말을 타고 달릴 수 있는 공동체의 영역 전체가 경기장이라 할 수 있는데, 오늘날에는 경기장내에서 하는 형태로 변화된 특징을 보이고 있다. 말을 탄 참가자들이 두 편으로 팀을 이루며, 한 팀의 선수가 말을 타고 상대 진영으로 이동하는 동안 죽은 염소의 몸을 잡고 들어 올리며 지정된 목표로 염소를 던지기 위해 300－400m 필드를 가로 질러 타고 간다. 다른 팀은 상대방이 가지고 있는 염소를 가로 채 이를 상대편 진영으로 옮겨 점수를 따내도록 하는 형태인데, 진영대신 커다란 골대를 만들어 그 안에 염소의 몸을 넣도록 하는 형태로도 진행된다.

이러한 과정에서 말을 타고 있는 기수는 민첩성, 강도, 정확성, 안장에 머물 수 있는 능력을 보여야하며, 전통공동체 시대에는 우승자인 최후의 1인이 나올 때까지(즉 경기의 모든 참가자들이 모두 1인의 탁월한 승마능력과 힘을 인정할 때까지) 시간제한 없이 진행되기도 했다. 그러나 오늘날에는 시간을 제한해서 라운드 경기 형태로 일종의 득점 경기 형태로 현대스포츠화 되고 있다. 카자흐 콕파르는 카자흐 민족의 삶에서 커다란 중요한 역할을 했다. 이러한 게임들이 참가하는 기수들에게 영혼에 좋은 기운을 불어넣고, 힘과 민첩성, 그리고 지구력을 기르는 기회로 작용했다.[32)]

오늘날의 현대스포츠 형태로 규격화된 콕파리 경기는 각 팀별로 17명으로 구성된 두 개의 팀이 참가하는데, 팀은 선수 12명, 감독 1명, 코치 1명, 경주마(馬) 관리인 3명으로 구성되어 있으며, 대회참가에는 나이제한이 있어 18세 이상의 선수만이 참가가 가능하다. 또한 예전에는 경기를 진행함에 있어 경기도구로

---

32) ANUR TOUR, central asian travel agent, http://www.tourstokazakhstan.com(2018.06.21. 검색).

머리를 자른 늑대나 새끼 염소, 송아지의 몸통을 사용했지만 현재 머리를 자른 양(羊)의 사용이 보편화되어 있다. 경기의 득점 방법은 말을 이용해 머리를 자른 양을 흙과 돌로 만든 골대에 넣으면 1점을 획득하게 된다.

이러한 마상 경기는 우즈베키스탄뿐만 아니라 카자흐스탄, 키르기스스탄, 아프가니스탄, 타지키스탄, 카라칼팍족 등 이웃 국가들에서도 인기있다. 콕파리는 다른 선수들의 채찍질을 막기 위해 누빈 면 겉옷과 바지를 입어야 하며, 기수들은 머리보호대를 착용해야 한다. 또한 상대를 뒤에서 공격하거나 말을 잡아 끌어당기는 것은 금지되어 엄격한 규칙을 적용하고 있다. 기병들의 경기장면을 보면 서로 염소(공)를 가지고 경쟁하는 것은 가능하다고 생각되지만, 신체접촉 등의 육체적인 공격은 좋지 않은 모습으로 비춰지고 있다. 관중들은 옆에서 경기 상황에 대해 지시할 수 없으며, 관중들은 자신의 선수들을 돕거나, 상대선수를 방해하는 것 역시 금지되어 있다.

콥카리 경기는 60분간 계속되며, 매회 20분씩 지속되고, 다른 팀들보다 더 많은 염소의 시체를 골대에 넣는 팀이 승리를 하게 된다. 또한 가장 많은 염소의 시체를 넣은 기병은 그 경기의 우승자(챔피언)가 된다. 이 대회의 우승자는 상품을 받게 되는데 옛날에는 화려한 양탄자, 황소, 양, 염소, 비싼 직물 등을 받았으나, 현재에는 가전제품이나 자동차를 받기도 한다.

우즈베키스탄에서 콥카리는 보통 축제, 명절, 의례 등 잔치의 마지막 날 행해지며, 놀이에 참여하기 위해 전국에서 기수들이 모여든다. 관람객들은 놀이를 진행하는 들판이 훤히 내다보이는 언덕에 자리를 잡고 기수들을 열렬히 응원한다. 이때 기수들이 사용하는 공은 도살된 염소나 양이다.

콥카리 경기는 크게 두 가지 유형으로 나뉘는데, 첫 번째는 앞서 설명한 것과 같이 두 패가 경쟁하여 울로크를 골대에 많이 넣는 편이 이기는 것이다. 두 번째는 많은 기수들이 울로크를 들고 경주하여 결승선까지 가져오는 한 사람이 이기는 유형이다. 울로크에서 우승한 사람에게는 돈이나 천, 옷, 양탄자, 숫양 등이 상으로 주어진다.

현대 우즈베키스탄에서는 울로크가 전통놀이이자 하나의 스포츠로 여겨지며, 2002년 4월에는 우즈베키스탄 울로크-콥카리 연맹(Uloq-ko'pkari feder-atsiyasi)이 설립되어 국가 행사나 명절마다 각종 지역 및 국가 대회를 조직해 오고 있다.

체르트키(Chertki, “똑똑”)

한 아이가 스카프로 눈을 가린 뒤 자신을 건드린 아이를 찾아내는 것으로, 어린이들의 주의력, 손재주, 신속성, 기민함 등의 특성 개발에 도움을 주는 놀이이다. 아이들은 제비뽑기를 통해 두 패로 나뉘고, 8~10m의 거리를 두고 마주 선다. 양쪽 패의 주장은 검은색 스카프를 준비하고, 자기 패의 아이들에게 새, 동물, 식물 및 과일 이름의 별명을 붙여준다. 아이들은 자신의 별명을 비밀로 유지해야 한다.

먼저 놀이를 시작하는 패의 주장은 준비된 스카프로 상대편 아이 중 한 사람의 눈을 가리고 손을 묶는다. 눈을 완전히 가리되, 머리를 심하게 누르지 않도록 꼼꼼히 묶어야 한다. 이후 주장은 자기 패에 속하는 한 아이의 별명을 부르고, 호명된 아이는 눈을 가린 아이 앞으로 조용히 다가와 스카프를 여러 번 ‘똑똑’ 두드리고 다시 원래 자리로 돌아간다. 눈과 손이 묶여 있던 아이는 스카프를 푸른 뒤, 자신을 건드리고 돌아간 상대편 아이를 맞춰야 한다. 만약 맞히는 데 성공하면 자신을 건드린 아이를 자기편으로 데려올 수 있고, 틀리면 본인이 상대편으로 넘어가야 한다. 한쪽 편의 아이들이 한두 명만 남을 때까지 놀이는 같은 방식으로 계속된다.[33]

33) Rahimqulov Karimjon, 앞의 책, pp. 111－112.

초폰(Cho‘pon, 양치기)

초폰(cho‘pon) 또는 포다치(podachi)라고 불리는 이 놀이는 실내와 실외에서 모두 진행할 수 있다. 고무공이나 천으로 만든 공 또는 테니스공을 사용하여 상대편 아이들을 맞춰야 하기 때문에 민첩성 및 정확하게 목표물 타격하는 법을 훈련하는 데 도움이 된다.

먼저, 놀이를 시작하기 전에 바닥에 공을 던질 출발선을 표시하고, 출발선에서 25~30m 떨어진 곳에 결승선을 표시한다. 두 편으로 나뉜 아이들은 제비뽑기를 통해 어느 편이 공격수가 될지 결정하고, 수비를 맡은 아이들은 운동장으로 나가 자리를 잡는다.

놀이가 시작되면, 아이들은 출발선 앞에 서서 최대한 멀리 공을 던진다. 공이 멀리 뻗어 나가는 동안 아이는 재빨리 결승선으로 달려나간다. 이때 수비수들은 날아오는 공을 잡아, 결승선을 향해 달리는 선수를 향해 던져야 한다. 달리는 선수에게 공을 맞히면 공격수와 수비수들이 서로 자리를 바꿔야 하고, 실패하면 다음 공격수 아이가 공을 멀리 던지게 된다. 놀이는 같은 방식으로 계속되어, 공에 맞지 않고 놀이를 성공적으로 마치는 패가 놀이에서 승리하게 된다.[34]

34) Usmanxodjayev, T.S., Isroilov, Sh.X., Pulatov, A.A., Pulatov, Sh.A. 앞의 책, p. 192.

촌카 슈보크(Cho'nqa shuvoq)

술래를 피해 말뚝에 묶여 있는 풀을 재빠르게 뽑고 도망가는 놀이로, 마당이나 운동장 등 실외에서 진행된다. 놀이는 개인별 또는 그룹별로 진행할 수 있으며, 놀이 시작 전에 참여자 수에 따라 지름 2m의 원을 바닥에 한두 개 그리고 원 중앙에는 60cm 길이의 나무 말뚝을 갖다 놓는다. 말뚝의 한쪽 끝에는 1m 길이의 밧줄을 묶어야 하는데, 놀이 도중에 풀리거나 흘러내리지 않도록 단단히 묶는다. 밧줄이 묶인 자리 5cm 밑에는 풀을 묶고, 말뚝을 바닥에 똑바로 세운다. 술래는 말뚝에 묶인 밧줄의 끝부분을 잡고 말뚝 옆에 선다.

놀이가 시작되면 4~5명의 공격자가 다가와 말뚝에 묶인 풀을 뽑아야 한다. 술래는 이때 자신의 손과 발을 이용해 공격자들이 다가오지 못하게 방어한다. 술래의 손이나 발이 닿은 아이들은 놀이에서 '죽은' 것으로 보아, 그 자리에 새로운 아이가 들어올 수 있다. 최종적으로 풀을 가장 많이 뽑은 아이가 놀이에서 이기고, 풀을 하나도 뽑지 못했다면 술래가 방어에 성공한 것으로 보아 술래가 놀이에서 이긴다.[35)]

35) Rahimqulov Karimjon, 앞의 책, pp. 100－101.

칠락(Chillak)

칠락 또는 다스타 치칼닥(dasta chikaldak)으로 불리는 이 놀이는 남자아이들이 풀밭이나 운동장에서 길고 짧은 두 개의 막대를 치면서 하는 놀이로, 아이들의 팀워크와 민첩성, 빨리 달리기, 지구력 개발에 긍정적인 영향을 준다. 기록에 따르면, 칠락은 아이들이 칼싸움을 배우기 전에 했던 놀이라고 한다.

놀이 방법은 지역마다 다양하게 나타나는데, 준비물은 모두 긴 막대와 짧은 막대이다. '다스타(dasta)'라 불리는 긴 막대는 대략 길이 80~100cm, 너비 2~2.5cm로, 막대의 가운데 부분보다 끝부분이 더 가늘어야 하고, '칠락(chillak)'이라 불리는 짧은 막대는 15~25cm의 길이, 1.5~2cm의 너비로 막대의 양쪽 끝은 연필처럼 뾰족하게 깎인 상태여야 한다. 칠락에는 2~12명이 참여하며, 인원수에 따라 개인별 또는 그룹별로도 놀이할 수 있다.

놀이를 시작하기 전에 아이들은 간단한 사전 놀이를 통해 차례를 정한다. 출발선에서 약 2m 떨어진 곳에 긴 막대를 갖다 놓고 출발선 앞에 서서 짧은 막대를 던지는데, 이때 가장 먼저 긴 막대를 맞춘 아이가 놀이를 첫 번째로 시작한다.

본격적으로 놀이가 시작되면 아이들은 다음과 같은 노래로 칠락 놀이의 시작을 알렸다.

칠락 놀이를 한다네, 새처럼

(Chillak o'ynadim childay bo'lib,)

새로 핀 꽃처럼.

(Yangi ochilgan gulday bo'lib.)

우리들은 모두 모여 논다네,

(O'ynaymiz biz yoshlar jam bo'lib,)

마치 지저귀는 꾀꼬리처럼.[36]

(Sayragan bulbulday bo'lib.)

아이들은 긴 막대 위에 짧은 막대를 걸쳐두고 긴 막대를 쳐서, 튀어 오른 짧은 막대가 긴 막대 위로 떨어졌다가 다시 한번 튀어 올라 긴 막대 위로 떨어지게 해야 한다. 짧은 막대가 긴 막대 위로 떨어질 때마다 1점씩 점수를 획득할 수 있기 때문이다. 아이들은 이 과정에서 얻은 점수만큼 긴 막대로 작은 막대를 쳐서 앞으로 날릴 기회를 얻는다.

아이들은 자신의 점수만큼 출발선에서 긴 막대로 짧은 막대를 쳐서 날린다. 짧은 막대를 한번 쳤을 때 20~30미터가량 날아간다고 하면, 3~4점을 얻었을 때 작은 막대의 비행 거리는 90~100m까지 확장된다고 볼 수 있다. 이때 긴 막대로 짧은 막대를 정확히 때려야지만 막대가 멀리까지 날아가는데, 막대를 잘 치지 못하면 총 세 번의 기회를 준다. 그럼에도 불구하고 실패하면 차례는 다음 아이에게로 넘어간다.

놀이에서 진 사람이나 그룹은 출발선에서부터 짧은 막대기를 쳐서 날아간 거리만큼 숨을 참고 달려야 한다. 달리는 도중에 숨을 쉬게 되면, 그 자리에서 다시 긴 막대로 짧은 막대를 쳐서 날아간 거리만큼 또 숨을 참고 달린다. 숨을 쉬는지 안 쉬는지에 대해 이견이 발생할 수 있으므로 달리는 아이들은 딱정벌레의 울음소리를 내야 한다. 만약 숨을 참고 달리는 것이 불가능할 경우에는 이긴 사람을 위해 노래를 부르거나 춤을 추거나 시를 낭송으로 벌칙을 대신할 수 있다.

카쉬카다리야 지역에서는 긴 막대를 '학카(hakka)', 짧은 막대를 '칠락(chillak)'이라고 불러, 이 놀이를 '학카 칠락(hakka-chillak)'이라고 한다. 앞서 설명한 바와

36) https://soglom.uz/archives/7227 (2022.06.03.검색).

같이 긴 막대로 짧은 막대를 쳐서 날리는 점은 같지만, 이 지역의 놀이 방법은 다소 차이를 보인다.

카쉬카다리야 지역에서는 놀이를 시작하기 전에 긴 막대로 작은 막대를 떨어뜨리지 않고 공중에서 최대한 많이 친 사람이 놀이의 주도권자, 즉 놀이를 시작하는 권한을 갖는다. 놀이를 시작하는 사람은 먼저 땅에 큰 원을 그린 후, 긴 막대로 짧은 막대를 때렸을 때 멀리 날아갈 수 있도록 중앙에 작고 깊게 구멍을 판다. 이후 구멍에 짧은 막대를 넣고 긴 막대로 쳐올려서 가능한 한 멀리 날아가게 하는데, 짧은 막대가 멀리 날아갈수록 많은 점수를 획득할 수 있다. 이때 상대편 아이들은 구멍 반대편에 서서 날아가는 짧은 막대를 손으로 잡아야 한다. 만약 날아가는 막대를 잡는 데 성공하면, 놀이 차례를 빼앗아 올 수 있다.

가장 낮은 점수로 놀이에서 진 아이들은 벌칙으로 작은 막대가 떨어진 곳에서 원이 그려진 곳까지 한 발로 뛰면서 들어가야 한다. 이때도 마찬가지로 숨을 참아야 하는데, 이를 주블라쉬(zuvlash)라고 한다. 아이들은 숨을 참고 있다는 것을 증명하기 위해 원 안으로 들어가기 전까지 '주브브브브브(Zuvvvvv)'라는 마찰음을 끊임없이 내야 한다. 만약 도중에 소리를 멈추고 숨을 쉬게 되면, 다시 뒤로 돌아가서 처음부터 숨 참고 한 발 뛰기를 시작해야 한다[37].

---

37) http://qashqadaryogz.uz/read/bolalar－jinlaridagi－mo－iyat (2022.06.03.검색).

카랍텝(Qarabtep, 보고 차라!)

'보고 차라!'라는 뜻의 카랍텝은 남자아이들의 전통놀이로 한국의 제기차기와 매우 유사하다. 카랍텝은 지역에 따라 '란카(lanka)'라는 이름으로 불리기도 하는데, 란카는 페르시아어 'lang'에서 파생된 것으로 절름발이를 의미한다. 즉, 한쪽 발이 땅에 닿지 않도록 하며 놀이 도구를 발로 차는 모습이 절름발이와 같다는 뜻에서 나온 이름이다.

손을 사용하지 않고 오직 발만 이용하여 도구를 차는 민속놀이의 역사는 약 7천여 년 전으로 거슬러 올라간다. 발로 차는 형태의 놀이는 고대부터 존재한 것으로 알려져 있으며, 오늘날 중앙아시아 지역뿐만 아니라 중국, 카프카스 북부, 시베리아, 유럽까지 널리 퍼져있는 것으로 확인된다. 특히 카랍텝은 우즈베키스탄 외에도 이웃 국가인 카자흐스탄, 키르기스스탄, 타지키스탄에서도 널리 대중화된 놀이로, 아이들의 인기 스포츠이다.

일부 학자들은 이러한 놀이가 동투르키스탄에서 비단길을 통해 오늘날 중앙아시아 지역은 물론 아시아 및 유럽국가로 전해진 것으로 주장하며, 기원전 5세기 중국 문헌에는 발로 차는 형태의 놀이가 북쪽 오랑캐들(北狄)로부터 전해진 것으로 기록되어 있다.[38] 따라서 오늘날 우즈베키스탄에서는 카랍텝과 같이 도구를

38) 문헌에서 카랍텝은 'Ti szyan szi(ti–teshi, szyan szi–volan)'라는 이름으로 등장한다. https://www.fencing.uz/ru/page/2191/qarabtep–yoki–xalq–tilida–lanka–deb–yuritiluvchi–oyin–haqida–nimalarni–bilamiz (2022.08.02.검색).

떨어뜨리지 않고 발로 차는 형태의 놀이를 중국 서쪽에 거주하던 튀르크인들을 통해 중국으로 전해진 튀르크 민족의 전통놀이이자 신체단련을 위한 군사 훈련 중 하나였던 것으로 보고 있다.

이러한 주장에는 여러 근거가 존재한다. 첫 번째는 카랍텝의 놀이도구 및 놀이 방법을 통해 유목 또는 목축에 종사한 사람들의 놀이임을 알 수 있기 때문이다. 카랍텝의 놀이도구는 텝키(tepki)라고 불리는데, 텝키는 털이 길게 자란 양 또는 염소 가죽으로 만들어진다. 털이 붙어있는 가죽을 지름 1cm 정도 크기의 원 모양으로 자르고, 그 뒤편에는 두꺼운 실이 통과할 수 있는 동전이나 납처럼 평평한 금속 조각을 붙인 후 끈으로 고정하여 완성된다. 둘째는 인원수의 제한 없이 많은 사람이 한데 어울려서 진행되기에 이를 통해 과거 초원과 같은 넓은 야외에서 행해졌다는 것을 짐작할 수 있기 때문이다.

카랍텝의 고대 명칭은 테푹(tepuk)으로, '차다'를 뜻하는 투르크어 동사인 'tepmoq'에서 파생되었다. 11세기 투르크어학자인 마흐무드 카쉬가리(Mahmud Kashgari)는 자신이 집필했던 역사상 최초의 튀르크어 대사전(Devonu Lug'otit turk)에서 테푹을 '납을 녹여 동그란 모양을 만든 후 가운데에 구멍을 뚫어 염소의 털 또는 그와 비슷한 것으로 덮어서 만드는 것으로, 아이들이 차고 노는 털 달린 놀잇감'이라 기술하였다. 또한, 14세기에 페르시아어로 기록된 이븐 무한나(Ibn Muhanna) 사전에서도 다시 한번 테푹이 언급되는데, 오늘날 우즈베키스탄에서는 테푹이란 이름보다 카랍텝이란 이름이 공식 명칭으로 쓰이고 있다. 그러나 오늘날에도 여전히 우루무치와 카쉬가르에 거주하는 위구르인들은 이 놀이를 테푹에서 파생된 '텝쿠치(tepkuch)'란 이름으로 부르고 있다.

카랍텝은 보통 2대2로 진행되는데, 그보다 많은 인원이 참여할 때에는 두 편으로 나누어 대결이 이루어진다. 텝키는 한쪽 발의 바깥쪽 또는 안쪽을 이용하여 하늘 위로 올려 차거나 오른발과 왼발을 번갈아 가면서 양발로 찰 수도 있다. 카랍텝에 참여하기 위해서는 많은 기술이 필요하다. 놀이 참여자는 텝키가 떨어지는 방향에 눈을 떼지 않고 집중하면서 자신이 찬 텝키의 수를 세야 한다. 또한, 하늘로 찬 텝키가 발로 떨어지는 그 찰나의 순간에 놀이 참여자는 다시 텝키를 어떤 방식으로 차서 하늘로 올려야 할지 판단을 마치고 곧바로 실행에 옮겨야 한다. 따라서 카랍텝은 아이들이 자신의 팔과 다리를 통제하는 기술뿐만 아니라 일정한 공간에서 몸을 적절히 사용하는 방법, 눈으로 보지 않아도 상황을 예측하여 신속하게 대처하는 방법 등 민첩성과 신체 능력을 발달시키고, 이와 함께 인내심, 지구력 개발에도 도움을 주는 놀이이다.

카랍텝의 일반적인 놀이 규칙은 다음과 같다. 먼저 발을 이용해 텝키를 떨어뜨리지 않고 5~10회 찬다. 이후 사치(sach, 발을 땅바닥에 닿지 않게 하고 텝키를 차는 방법) 5~10회와 루르(lur, 발을 등 뒤로 하고 텝키를 차는 방법) 5~10회 수행한다. 이 모든 동작은 텝키를 땅에 떨어뜨리지 않고 연속적으로 이어져야 한다. 놀이 도중에 텝키를 손으로 낚아채거나 놀이를 중단하면 실격된다. 만약 텝키가 바닥에 떨어지면 실수한 부분부터 다음 차례의 사람이 이어서 시작한다. 정해진 규칙대로 먼저 완수하는 그룹이 놀이에서 최종 승리하며, 놀이에서 진 사람은 이긴 사람을 위해 시 낭송을 하거나 노래를 부르고 춤을 추어야 한다.

카랍텝은 소비에트 시기에 각종 질병의 원인이 될 수 있다는 이유로 금지되기도 했으나, 독립 이후 우즈베키스탄의 전통문화가 부활하면서 우즈베크인들의 민속놀이로써 많은 관심이 집중되고 있다. 현재 우즈베키스탄에서는 카랍텝의 교육적 의미를 강조하며 국가 전통 스포츠이자 무형문화유산으로 발전시키기 위해 다양한 노력을 전개하고 있다. 이에 따라 2013년 1월 25일에는 국제 표준에 따라 국립 레슬링센터에서 개발한 카랍텝의 정식 규칙이 공식적으로 승인되었다. 같은 해 12월 21일에는 사마르칸트 지역의 카타코르곤(Kattaqo‘rg‘on) 시에서 카랍텝 국가 챔피언십이 열려 우즈베키스탄 각 지역의 카랍텝 선수들이 참가하여 실력을 겨루었다. 2014~2015년에는 카랍텝을 국가 스포츠로 홍보하고 대중화시키기 위해 대중매체를 적극적으로 활용하였고, 다양한 교육기관에서 카랍텝 대회를 개최하였으며, 2021년에는 관광스포츠부 회의에서 우즈베키스탄 카랍텝 스포츠연맹의 설립을 결정하기도 하였다.[39]

---

39) https://olamsport.com/uz/news/qarabtep-yoki-xalq-tilida-lanka-deb-yuritiluvchi-oyin-haqida-nimalarni-bilamiz (2022.08.02.검색).

카르나이므, 수르나이(Karnaymi, surnay)

카르나이(karnay), 수르나이(surnay), 돔브라(do'mbira) 등 우즈베크 전통 악기의 소리를 흉내내며 노는 놀이이다. 카르나이는 길이 2~3m의 목이 긴 금관악기로 주로 전통 행사 및 통과의례 등에서 팡파레를 통해 행사의 시작을 알리는 기능을 하는 악기로, 전통 정주문명권이 중심인 우즈베키스탄과 타지키스탄의 일상생활에서 오늘날에도 매우 빈번하게 사용되며, 수르나이는 약 30cm 정도 길이의 목관악기이다. 돔브라는 손으로 뜯는 2현 악기로 고대부터 존재해온 유목민들의 전통 악기로 알려져 있다.

여러 명의 아이가 모여 판매자와 구매자의 역할을 할 사람을 정하고, 나머지 아이들은 손을 잡고 일직선으로 늘어선다. 판매자와 구매자는 나머지 아이들 앞에 선다. 놀이가 시작되면 구매자는 판매자에게 다가와 "너는 네 말을 위해 어떤 것을 원하니? 카르나이야, 수르나이야?"라고 묻는다. 판매자는 카르나이, 수르나이, 돔브라 중 하나를 선택하여 "내 말에겐 ~야!"라고 대답한다. 두 개의 악기 이름을 한 번에 말할 수도 있다.

판매자의 말이 끝나면 아이들은 둥글게 모여 돌다가 줄의 시작과 끝에 있던 아이가 손을 맞잡고 팔을 올려 '문'을 만든다. 아이들은 문을 통과하면서 판매자가 말한 악기의 소리를 모방해야 한다. 악기의 소리를 제대로 흉내 내지 못하면 구매자에게 붙잡혀 '집'이라고 부르는 특별한 장소로 이동해야 한다. 구매자가 아이를 집에 데려다 놓고 돌아오면 놀이는 이어서 진행된다. 집으로 간 아이는 수수

께끼 풀기, 빨리 말하기 등 특별 임무를 완수해야만 원래 있던 곳으로 돌아올 수 있다. 그러나 돌아오는 길도 쉽지 않다. 도랑 건너기, 다리 건너기, 목표물에 공 던져 맞추기 등 놀이 시작 전에 미리 정해두었던 여러 가지 장애물을 통과해야 한다. 장애물 통과에 실패하면 아이는 다시 집으로 되돌아가야 하고, 집으로 갔던 아이들이 모두 성공적으로 돌아오면, 다 같이 춤을 추고 노래하며 놀이는 마무리 된다.[40)]

40) Rahimqulov Karimjon, 앞의 책, pp. 138－139.

카르본(Karvon, 대상 隊商)

카르본 놀이는 들은 단어를 순서대로 기억해 유창하게 읊는 놀이로 아이들의 말하기 능력과 기민성, 민첩성 및 주의집중력 발달을 돕는다. 놀이를 시작하기 전에 바닥에 지름 15m의 큰 원을 그리고, '대상의 우두머리'와 '도적' 역할을 맡을 사람을 한 명씩 정한다. 놀이가 시작되면 두 사람을 제외한 나머지 아이들은 '낙타'가 되어 앞사람의 허리를 잡고 일렬로 선다. 낙타는 대상의 우두머리 뒤에서 넓은 보폭으로 천천히 원을 따라 걷는다.

도적은 원의 한쪽 귀퉁이에 자리 잡고 있다가 낙타가 다가오면 대상의 앞길을 막고는 대상의 우두머리를 향해 "대상은 지금 어디로 향하는 것인가?"라고 묻는다. 대상의 우두머리는 "친애하는 분이시여, 저희는 인도에 갑니다."라고 대답한다. 도적은 다시 "친구들을 위해 무엇을 가져올 것인가?"라고 묻는다. 대상의 우두머리는 "명령만 내리십시오."라고 대답한다. 이에 도적은 자신이 원하는 물건 5~8개를 이야기하고, 가로막고 있던 길을 비켜준다. 대상은 원을 따라 다시 걷기 시작하고, 한 바퀴를 돌아 도적과 또 마주친다.

다시 마주친 도적은 대상의 우두머리에게 "너는 나에게 무엇을 가져오기로 했지?"라고 묻는다. 이때 대상의 우두머리는 기억을 떠올려서 도적이 내렸던 주문을 머뭇거리지 않고 빠르고 정확하게 말해야 한다. 만약 무언가를 빠뜨리고 말하게 되면, 도적은 대상을 붙잡은 후 아이들에게 무언가를 가져오도록 마음대로 시킬 수 있다. 대상의 우두머리가 도적의 주문을 유창하게 읊는 데 성공하면, 도적은 다시 "그럼 내 물건은 어디 있지?"라고 묻는다. 대상의 우두머리는 자신의 뒤에 서 있는 아이 중 한 명을 지목하며, "저 상자에 넣어 놓았습니다"라고 대답한다. 이때 지목당한 아이는 도적을 향해 "아무다리야(Amudaryo)를 건너는 동안 주문하신 물건을 잃어버렸습니다"라고 말해야 하는데, 이 말이 끝나자마자 도적은 한 아이를 잡으려고 하고 아이들은 도적을 피해 원에서 탈출한다. 아무도 붙잡히지 않으면 아이들은 도적에게서 무사히 탈출한 것으로 보고 놀이는 다시 처음부터 시작된다.[41]

41) Usmanxodjayev, T.S., Isroilov, Sh.X., Pulatov, A.A., Pulatov, Sh.A., 앞의 책, pp. 204–205.

케스 케스(Kes-kes, 잘라라, 잘라)

'잘라라, 잘라!'라는 뜻을 가진 어린아이들의 놀이이다. 바닥에 지름이 네 걸음 정도 되는 크기의 원을 그리고, 행동이 민첩하고 달리기가 빠른 아이를 술래로 정한다. 술래는 원 안에 서고, 나머지 아이들은 원 밖에 서 있다가 심판이 "시작"이라고 외치면, 아이들은 원을 건너가기 시작한다. 이때 아이들은 모두 "잘라!", "잘라!"라고 외치며 원 밖에서 원 안으로 들어와서 사방으로 원을 통과하며 달려야 한다. 술래는 원 안에 들어온 아이들을 잡고, 잡힌 아이는 놀이에서 제외된다. 놀이는 약 2~3분간 진행된다. 놀이가 끝나면 심판은 얼마나 많은 아이가 잡혔는지 확인한다.[42]

42) 위의 책, p. 212.

코르파 요픈드(Ko'rpa yopindi, 이불로 가렸다)

스카프로 이불을 덮고 있는 아이들을 빠르게 때리고 도망가는 놀이로, '우릅 코치드' 놀이와 유사하다. 이 놀이를 통해 아이들은 용기, 대담함, 민첩성을 기르고 두려움을 이기는 법을 훈련한다.

약 10명의 아이들이 두 패로 나뉘고, 제비뽑기를 통해 수비패와 공격패를 정한다. 수비패 아이들 중 네 명은 땅에 누워 몸을 움츠리고 담요를 덮는다, 이때 머리를 덮어 최대한 머리를 보호하는 것이 좋다. 수비수들은 한쪽 손으로 2m 길이의 밧줄을 잡는데, 밧줄의 한쪽 끝은 나머지 수비패 중 가장 날쌘 아이 한 명이 잡도록 한다. 다른 한쪽 손으로 공격수를 공격할 1m 길이의 스카프를 든다. 공격수 아이들도 손에 스카프를 들고 수비수를 공격할 준비를 한다.

심판의 신호로 놀이가 시작된다. 공격수 아이들은 담요를 덮은 아이들을 스카프로 때리기 위해 접근하고, 수비수들은 서로를 보호하기 위해 손에 든 스카프로 공격수를 때리고 발로 찬다. 그러나 이 과정에서 수비수들이 긴 밧줄을 놓쳐서는 안 된다. 심판은 놀이를 지켜보다 공격수가 수비수에게 맞으면 그 즉시 경기를 중단하고 맞은 아이를 퇴장시킨다. 수비수도 몸에 공격수의 스카프, 손, 발이 닿으면 놀이에서 제외된다. 역할을 바꿔가며 놀이를 반복하다가 공격수에게 강한 타격감을 준 수비패가 놀이에서 이긴다.[43]

43) Rahimqulov Karimjon, 앞의 책, pp. 113-114.

코르크치(Qo'riqchi, 파수꾼)

코르크치 놀이를 시작하려면 바닥에 지름 8m의 큰 원을 그리고, 헝겊이나 양모를 이용해 만든 작은 공과 평평한 돌 8개를 골라 준비해 두어야 한다. 놀이가 시작되면 아이들은 평평한 돌을 4개씩 두 번에 걸쳐 원 중앙에 던지고, 여자아이들은 원 안에서 둥글게 돌면서 아래와 같이 노래를 부른다.

안전하게 돌아라, 안전하게
(Omon yor aylasang−chi yo, omon yor,)
허리를 동여매라, 안전하게
(Beling−ni boylasangchi−yo, omon yor.)
아버지가 일 끝나고 돌아오시면, 안전하게
(Dadang ishdan kelsachi−yo, omon yor,)
녹차를 준비해드려라, 안전하게
(Ko'k choyni damlasangchi−yo, omon yor.)

노래가 끝나면 원 안에 있던 아이들이 밖으로 빠져나오고, 두 명의 아이만 남아 원 안에 놓여 있던 돌을 4개씩 집어 신속히 세운다. 돌을 다 세운 아이는 재빨리 원을 빠져나온다. 원 안에 남은 아이는 마저 돌을 세운 후, 돌을 방어하는 역할을 맡는다.

돌이 다 세워지면, 원 밖에 나와 있는 아이들은 자기가 가진 공으로 원 안에 세워진 돌을 맞춰 쓰러뜨려야 한다. 제한 시간 내에 돌을 빠르게 쓰러뜨려야 놀이에서 이길 수 있다. 제한 시간 내에 돌을 다 쓰러뜨리지 못하면 벌칙으로 노래를 부르거나 춤을 추어야 한다. 원 안에 세운 모든 돌이 쓰러지면 놀이는 새로 시작된다.[44]

---

44) Usmanxodjayev, T.S., Isroilov, Sh.X., Pulatov, A.A., Pulatov, Sh.A., 앞의 책, p. 213.

코일라르 장기(Qo‘ylar jangi, 양싸움)

코일라르 장기는 두 마리의 숫양이 싸우는 놀이로, 고대부터 양 싸움은 우즈베키스탄에서 가장 인기 있는 전통스포츠 중 하나였다. 이러한 놀이는 아프리카, 아시아, 유럽에서 양이나 염소 문화 양식을 가지고 있는 대부분의 나라에서 흔히 찾아볼 수 있으며, 양 주인들은 가장 강한 양을 선발하여 경쟁하도록 준비한다. 양 싸움을 위해 경기에 참여하는 양은 전문적인 훈련을 거치게 되며, 경기 전 청결을 유지하고 높은 수준의 위생을 유지하는 것 또한 매우 중요하다.

양 싸움은 대부분 넓은 들판에서 경기가 진행되며, 양들을 서로 5m 떨어진 곳에 위치하고 있다가 경기가 시작되면 양의 주인들이 자신의 양에게 큰소리를 내어 시작 신호를 알린다. 주인들의 신호와 동시에 양들은 서로 달려와 머리 박치기를 시작하며, 양들의 머리가 충돌 후 한 마리의 양이 뒤로 물러설 때까지 경기는 지속된다. 양 싸움이 시작되면 주인들은 큰소리를 내면서 자신의 양을 격려하고 응원한다.

양 싸움은 양 머리를 반복적으로 박치기를 하면서 진행되는데, 몇 번의 박치기로 한 마리의 양이 주춤대기 시작하면 패배를 인정하고 경기를 중단한다. 이러한 박치기로 인해 양이 죽음에 이를 수도 있다는 우려가 존재하긴 하지만, 생리학적으로 반복적인 박치기로 인해 박치기의 타격이 점점 약해지므로 양에게 해가 되지 않는다고 한다.

양 싸움은 동물 학대와 도박에 대한 비판으로 국가적으로 제한되는 일도 있었으나, 일부 문화권에서는 '놀이' 또는 스포츠로 개발되거나 때로는 도박과 관련된 '국가의 오락물'로써 경기를 개최하고 있다. 또한, 일부 국가에서는 규칙을 규제하고 싸우는 숫양의 공정성과 복지를 보장함으로써 양들의 싸움을 더욱 대중화시키려 노력하고 있다.

코즈보일로그치(Ko‘zboylog‘ich, 눈 가리기)

눈을 가리고 하는 신체활동 놀이로 크게 두 가지 방법이 있다. 첫 번째는 아이들이 눈을 감고 술래의 움직임을 알아맞히는 놀이이다. 놀이에 참여하는 아이들은 원의 형태로 둥글게 모여 앉고, 술래는 원 밖에 선다. 앉아있는 아이들은 눈을 감고, 술래는 원을 따라 걷다가 한 아이 뒤에 조용히 멈춰선다. 아이들은 술래의 움직이는 소리를 듣기 위해 집중한다. 자신의 뒤에 술래가 멈춰있는 것을 느낀 아이는 손을 번쩍 들어 심판에게 알린다. 아이가 올바르게 추측하면 다음번에 자신이 술래가 되어 놀이를 시작하고, 추측이 틀리면 누군가가 술래를 맞출 때까지 놀이가 계속된다.[45]

두 번째는 술래의 눈을 손수건이나 스카프로 가리고 노는 놀이이다. 눈을 가린 술래에게 아이들은 손뼉을 쳐서 자신의 위치를 알리고 술래를 피해 도망가야 한다. 술래는 손뼉 소리가 나는 쪽으로 다가가서 아이 한 명을 잡아야 하는데, 술래의 손이 닿으면 잡힌 것으로 보아 잡힌 아이가 새롭게 술래가 된다.

45) Rahimqulov Karimjon, 앞의 책, p. 138.

콥콘(Qopqon, 덫)

콥콘

덫의 역할을 맡은 아이들이 쥐의 역할을 맡은 아이들을 잡는 놀이이다. 놀이를 위해 한 명이 심판이 되고, 다른 아이들은 두 편으로 나뉘어서 한 그룹은 덫의 역할을, 다른 한 그룹은 쥐의 역할을 맡는다. 덫 역할을 맡은 아이들이 서로 손을 잡고 원의 형태로 서면, 쥐 역할을 맡은 아이들이 그 뒤로 선다. 덫을 맡은 아이들이 원을 그리며 빙글빙글 돌면서 다음과 같이 노래한다.

오, 이런 나쁜 놈들, 이 지긋지긋한 생쥐들아.

(Voy qurg'urlar bu sichqonlar jonga tegdi)

이 할 짓 없는 놈들은 보이는 것을 모두 먹어치우네,

(U bekorlar nima ko'rsa shuni yeydi,)

모든 곳을 싹 거덜 내 버리네.

(hamma yoqni ship–shiydon qiladi)

기다려라, 우리가 너희를 손으로 잡기는 어렵겠지만

(Shoshmang, sizlar badnafs zotlar qo'lga tushmayin qolmassiz.)

우리는 너희 집에 덫을 놓았네.

(Uyangizga qo'ydik qopqon)

너희를 순식간에 잡고 말 것이네.

(Hammangizni tez ushlarmiz)

노래의 마지막 구절을 말할 때 덫이 역할을 맡은 아이들은 자리에 멈추어서 맞잡고 있던 손을 위로 치켜들고, 쥐의 역할을 맡은 아이들은 치켜든 손 아래를 쏜살같이 통과하며 달리기 시작한다. 그러다가 심판이 "덫이 닫혔다!"라는 신호를 주면, 원을 이루고 서 있던 아이들은 손을 내리면서 쪼그리고 앉는다. 이 동작은 '닫힌 덫'을 나타낸다. 이때 덫에서 빠져나오지 못한 쥐는 덫에 걸린 것으로 본다. 모든 쥐가 덫에 걸릴 때까지 놀이는 계속된다. 이후, 두 그룹의 아이들은 서로 역할을 바꾸어 놀이를 진행한다.

이 놀이는 편을 나누어 진행되어 아이들에게 단체 행동하는 법을 가르친다. 동시에 신호에 따라 시를 읊고, 각 팀의 주장에게 복종해야 하며 민첩하게 움직이는 방법을 익히게 하여 신체 능력 향상에도 도움을 준다. 놀이 도중에 심판은 적절한 때에 "덫이 닫혔다!"라는 신호를 주기 위해 쥐가 어떻게 덫을 통과하고 있는지 주의 깊게 지켜봐야 하고, 덫을 통과하는 것을 꺼리는 친구들을 격려하여 놀이를 이어나가도록 해야 한다. 또한, 덫의 역할을 맡은 아이들은 "덫이 닫혔다!"라는 신호를 받은 후에만 손을 내릴 수 있다.[46]

46) Usmanxodjayev, T.S., Isroilov, Sh.X., Pulatov, A.A., Pulatov, Sh.A., 앞의 책, p. 188.

쿠블라쉬마초크(Quvlashmachoq, 술래잡기)

쿠블라쉬마초크는 여럿 가운데 한 명이 술래가 되어 다른 아이들을 잡는 우즈베크 술래잡기 놀이이다. 놀이를 시작하기에 앞서 바닥에 선을 그어 놀이할 공간을 표시하고, 술래를 정한다. 바닥에 표시된 경계 안에서 아이들은 술래를 피해 자신이 원하는 곳에 서고, 술래는 "하나, 둘, 셋"을 외친 후 아이들을 잡기 시작한다. 아이들은 술래를 피해 도망가다가 잡힐 것 같은 긴박한 순간에 자리에 주저앉을 수 있고, 술래는 주저앉은 아이를 잡을 수 없다. 술래에게 잡힌 아이는 새로운 술래가 되어 놀이를 처음부터 시작한다. 놀이가 지루해지면 달려서 잡는 방식이 아닌, 모둠발로 뛰어 잡는 것으로 놀이 방법을 바꿀 수 있다.[47)]

47) Rahimqulov Karimjon, 앞의 책, p. 137.

··· 쿠욘라르 폴리즈다(Quyonlar polizda, 들판에 토끼) ···

술래로 뽑힌 한 아이가 깡충깡충 뛰면서 도망가는 아이들을 잡는 것으로, 민첩성과 손재주, 지구력, 주의력 및 대담성을 개발하는 놀이이다. 놀이를 시작하기 전에 바닥에 4~5m 지름의 원을 그리고, 주변에 타이어와 같은 장애물을 놓아 경계를 구분한 후, 원 안을 '들판'이라 부른다. 술래 한 명을 정해 파수꾼의 역할을 맡고, 나머지 아이들은 토끼의 역할을 맡는다.

파수꾼이 들판에 서고 토끼들이 원 바깥에 서면, 심판의 신호와 함께 놀이가 시작된다. 토끼들은 깡충깡충 뛰면서 타이어 위를 뛰어넘어 들판으로 들어왔다 나오기를 반복한다. 파수꾼은 들판으로 뛰어들어오는 토끼를 가능한 한 많이 잡아야 한다. 일정 시간이 지나면 놀이는 종료되고, 파수꾼에게 잡힌 토끼들은 손을 든다. 심판은 잡힌 토끼의 숫자를 세고, 좋은 경기력을 보인 아이 중에 새로운 술래를 뽑아 놀이를 다시 시작한다.[48]

48) Usmanxodjayev, T.S., Isroilov, Sh.X., Pulatov, A.A., Pulatov, Sh.A. 앞의 책, p. 207.

쿨로크-착카(Quloq-chakka, 귀, 관자놀이)

'귀, 관자놀이'를 뜻하는 놀이로, 서로 비슷한 힘을 가진 4~5명의 아이가 참여한다. 술래를 한 명 정하고, 술래는 다른 아이들을 보지 못하게 뒤돌아서서 오른손은 오른쪽 관자놀이에 대고, 왼손은 손바닥을 아래로 향하게 해 오른쪽 팔꿈치에 갖다 댄다. 이때 뒤를 돌아 다른 아이들을 몰래 훔쳐보는 것은 금지이다.

뒤돌아선 술래 뒤로 모든 아이가 동시에 다가오고, 그중 한 명이 술래의 손바닥을 세게 친다. 술래는 자신을 때린 아이를 예상해서 맞춰야 하는데, 추리에 혼란을 주기 위해 아이들은 모두 "내가 때렸다"는 의미로 엄지손가락을 치켜든다. 술래가 손바닥을 친 아이를 찾는 데 성공하면 그 아이가 술래가 되고, 틀리면 다시 같은 방식으로 놀이한다. 놀이가 끝날 때까지 가장 많이 술래가 된 아이가 놀이에서 진 것으로 본다.[49]

49) Rahimqulov Karimjon, 앞의 책, p. 137.

크르크 토쉬(Qirq tosh, 40개의 돌)

크르크 토쉬는 바닥에 그려 놓은 선에 돌을 갖다 놓았다가 다시 빠르게 가지고 들어오는 놀이로, 아이들의 빠른 반응 속도, 정확한 목표 설정 및 빠르게 사고하는 법을 가르친다. 잔디밭, 마당 등 실외 공간이나 실내에서도 진행할 수 있으며, 놀이 인원수의 제한이 없다. 출발선을 기준으로 놀이 참여자의 수만큼 1m씩 더해 바닥에 평행선을 표시하고, 아이들은 두 패로 나뉜 뒤 돌멩이 또는 헝겊으로 만든 공을 가지고 있어야 한다.

심판이 출발 신호를 주면 아이들은 재빨리 바닥에 표시된 선에 자기가 가지고 있던 돌이나 공을 두고 제자리로 돌아온다. 마지막 아이가 돌을 두고 돌아오면, 이번에는 다시 자기가 갖다둔 돌을 빠르게 수거해서 출발선으로 돌아와야 한다. 먼저 모든 돌을 모아온 편이 놀이에서 이긴다. 놀이하는 도중에 출발선에서 벗어나서는 안 되며, 심판이 신호를 주기 전에 출발선에서 미리 출발하거나 돌을 다른 아이들에게 전달하는 것은 금지이다.[50]

50) Usmanxodjayev, T.S., Isroilov, Sh.X., Pulatov, A.A., Pulatov, Sh.A. 앞의 책, pp. 191－192.

토르트쉬마초크(Tortishmachoq, 줄다리기)

토르트쉬마초크는 지역에 따라서 아르콘 토르트쉬(Arqon tortish), 아르콘 탈라쉬시(Arqon talashish), 토르트슈브(Tortishuv), 벨라슈브(Bellashuv)라는 이름으로 불리기도 하며, 나브로즈 명절, 축제 및 각종 의례에서 어린이와 청소년뿐만 아니라 성인들도 함께 즐기는 놀이이다. 줄다리기는 많은 사람이 같은 목표를 가지고 빠르게 움직여야 하므로 협동심을 기르고, 민첩함, 인내심 및 지구력을 높이는 데 긍정적인 영향을 미친다.

우즈베크 줄다리기는 크게 두 가지 유형이 있다. 첫 번째는 놀이를 진행할 들판의 중앙에 긴 줄을 놓고, 많은 인원의 사람들이 두 패로 나뉘어 양쪽에서 줄을 당겨 힘을 겨루는 유형이다. 따라서 양쪽이 비슷한 힘을 가지도록 참가자들의 나이, 성별, 체력 등을 고려하여 두 패를 구성해야 한다. 놀이를 시작하기 전에 먼저 바닥에 두 개의 평행선을 그리고, 그 위로 여러 개의 매듭이 묶인 밧줄을 둔다. 밧줄 중앙에는 색깔 헝겊이 묶여 있어야 한다. 두 패는 자기 패 쪽에 그려진 선 뒤에 서 있다가 심판의 신호와 함께 줄이 놓인 곳으로 달려 나와 재빨리 밧줄에 묶인 매듭을 푼 후, 자기 패 쪽으로 온 힘을 다해 줄을 잡아당긴다. 지정된 45초~1분의 시간 동안 자기 패 쪽으로 줄을 많이 잡아당긴 팀이 승리한다.

놀이의 세부 규칙은 다음과 같다. 첫째, 놀이 참여자들은 반드시 심판의 신호가 주어진 후에만 선을 넘어 밧줄이 있는 곳으로 달려나갈 수 있다. 둘째, 색깔 헝겊이 묶인 부분을 넘어가서 줄을 잡으면 안 된다. 셋째, 밧줄은 반드시 손으로

만 당길 수 있다. 넷째, 발이 미끄러지지 않게 하려고 미리 땅에 구멍을 파두거나 손으로 땅 짚기, 다리 사이에 밧줄 끼기, 땅에 주저앉기 및 눕기는 반칙이다. 위 규칙을 위반하고 줄다리기에서 승리하면 놀이에서 이긴 것으로 보지 않는다.[51)]

줄다리기의 두 번째 유형에서는 밧줄이 사용되지 않는다. 들판 맞은편에 2개의 평행선을 그리고, 각 패에서는 힘이 센 사람을 한 명씩 뽑아 선수로 내보낸다. 출전한 두 선수의 손에 하나의 스카프를 풀어지지 않게 단단히 묶는다. 나머지 팀원들은 자신의 앞에 선 동료의 허리를 꽉 잡고 일렬로 선다. 심판이 신호를 주면 경기가 시작되어, 중앙에 있는 두 개의 선에서 상대 선수를 먼저 자신의 쪽으로 끌어당기는 패가 놀이에서 승리한다.[52)]

51) Usmanxodjayev, T.S., Isroilov, Sh.X., Pulatov, A.A., Pulatov, Sh.A., 앞의 책, pp. 192－193.
52) O‘zbekiston Milliy Ensiklopediyasi. Toshkent: Davlat Ilmiy Nashriyoti. 2007. p. 511.

톱토쉬(To‘ptosh)

톱토쉬는 3~10명의 어린이가 돌을 던져 목표물을 맞히는 놀이로, 아이들의 공간지각능력 개발에 도움을 준다. 아이들은 먼저 바닥에 출발선을 그리고, 선에서 5~6m 떨어진 곳에 작은 원을 하나 그린다. 각각 크기가 다른 돌멩이들을 모아 원 안에 여러 겹 쌓아놓고 맨 위에는 작은 돌멩이를 올린다. 아이들은 목표물을 향해 던질 돌로 평평한 돌을 각자 하나씩 준비한다.

놀이가 시작되면 아이들은 출발선 뒤에 서서 원 안에 세워 놓은 돌탑을 맞추기 위해 차례차례 돌을 던진다. 돌을 명중시키면 돌탑이 쓰러지면서 돌이 사방으로 흩어지게 되는데, 이때 맨 위에 올려놓은 돌이 튕겨 나간 거리만큼 발로 재서 점수를 얻는다. 따라서 맨 위에 놓였던 가장 작은 돌이 멀리 튕겨 나갈수록 아이들은 더 많은 점수를 받을 수 있다. 놀이에서 이긴 아이는 놀이를 계속하고, 진 아이는 놀이에서 나와 관중이 된다. 아이들은 지루할 때까지 놀이를 계속할 수 있다.[53]

---

53) Usmanxodjayev, T.S., Isroilov, Sh.X., Pulatov, A.A., Pulatov, Sh.A., 앞의 책, pp. 200－210.

… 포드쇼 바 바지르(Podsho va Vazir, 왕과 신하) …

'왕과 신하'라는 이름의 놀이로, 총 4명의 아이가 참여한다. 먼저 쪽지 4장을 준비하여 종이에 각각 왕, 신하, 군인, 도둑이라고 적는다. 글씨가 안 보이게 쪽지를 잘 접어 땅에 던지면 4명의 아이가 하나씩 나누어 갖는다. 아이들은 조용히 쪽지를 확인하고, 무슨 역할이 나오든 절대 티 내지 말아야 한다.

먼저 왕이라고 적힌 쪽지를 가진 아이가 나선다. 왕은 신하에게 도둑을 찾으라고 명령한다. 신하는 왕을 제외한 나머지 아이들 중 도둑을 찾아야 하는데 도둑을 정확히 찾으면 군인은 도둑을 처벌한다. 만약 찾는 데 실패하면 도둑이 받아야 할 벌을 신하가 대신 받아야 한다. 같은 방식으로 놀이가 계속된다.[54)]

54) 위의 책, p. 214.

호로즐라르 장기 1(Xo'rozlar jangi, 수탉싸움)

수탉싸움은 고대의 관객 스포츠로 인도 문명권에 널리 퍼져있었던 놀이였다는 증거가 곳곳에서 발견되고 있으며, 인도, 중국, 페르시아 및 다른 동유럽 국가에서도 기원전 524~460년 고대 그리스에서 전해 내려오고 있다고 하였다. 이 수탉싸움은 전통문화 요소의 연계 측면에서 중앙아시아 정주 문명지대가 인접한 다른 정주 문명지대(특히 과거 페르시아제국, 북인도 지역)와 긴밀하게 연계되어 있고, 서로 영향을 주고 있는 관계에 있음을 보여주는 사례라 할 수 있다.

수탉싸움은 중앙아시아 정주문명권 남부 쪽, 특히 인도 쪽과 가까운 지역들에서 더 성행하고 있는 스포츠 중 하나로 도박과 결부된 경우가 많으며, 이로 인해 우즈베키스탄에서는 현행 도박금지법 규정에 따라 일부 지역에서는 금지되고 있다. 하지만 이러한 불법에도 불구하고 여전히 많은 사람이 찾고 있으며, 지역주민을 포함한 관광객들에게도 많은 관심을 받고 있다.

수탉싸움은 하루 이상(오전 11시~다음날 이른 아침)으로 경기를 진행하는 경우가 많아 돈을 잃는 사람이 많이 발생하고, 닭들이 다쳐서 피를 흘리거나 죽는 경우가 생겨나 잔인하다는 비판을 받고 있어 이러한 다양한 비판들을 최소화하기 위하여 방법을 강구하고 있다.

수탉싸움의 경기방식은 매 라운드는 짧게 구성이 되어 있으며, 일반적으로 경기 전 합의를 통해 우승으로 결정짓거나, 무승부로 결정짓는 등의 경기방식으로 변화를 주기도 한다. 경기는 대부분 1대1의 경기방식으로 진행이 되는데, 3~4

쌍의 팀별 경기방식으로 경기를 진행하기도 한다.

경기가 시작될 때에 닭들은 힘찬 날갯짓을 이용해 서로를 공격하게 되고, 10~15분 정도의 경기시각 안에 먼저 도망가는 닭이 패하게 되는데, 이처럼 먼저 도망가는 닭이 생겨 짧은 싸움으로 마무리되는 경기는 상당히 흥분되고 재미있다. 하지만 싸움에서 결판이 나지 않는 경우 1시간 이상 지속이 되는 경우도 발생하는데, 이때는 서로가 지쳐있는 상황이 연출될 수 있다. 이러한 상황에서는 관중들의 건의를 통해 심판에게 경기에 대한 심판을 내릴 것을 요구할 수 있다. 이러한 건의가 있으면, 주인의 의견에 따라 무승부로 경기가 마무리될 수 있으나, 대부분의 주인은 무승부로 경기를 마무리하지 않으려고 한다. 이것은 아마도 닭의 주인들까지도 본인의 닭에게 돈을 걸고 내기를 하고 있기 때문이라 생각된다.

호로즐라르 장기 2(Xo‘rozlar jangi, 수탉싸움)

남자아이들이 직접 수탉이 되어 놀이하는 ‘수탉싸움’이다. 놀이를 시작하기 전에 먼저 지면에 지름 2m 크기의 원을 직접 그리거나 원의 형태를 따라 밧줄을 놓아 놀이 장소를 표시한다. 놀이에 참여하는 아이들은 원 안으로 들어와서 수탉처럼 손을 등 뒤로 보내고 한쪽 다리로 선다. 심판의 신호와 함께 어깨와 몸을 이용해 상대방을 원 밖으로 밀어내야 하는데, 먼저 상대를 밀어낸 아이가 놀이에서 승리한다.

수탉놀이는 반드시 심판의 신호에 따라 진행되어야 하며, 경기 도중 양발로 서거나 손을 아래로 내리면 놀이에서 진 것으로 간주한다. 또한, 두 아이가 서로를 밀다가 같이 원 밖으로 나가면 둘 다 진 것으로 보고 다음 선수들의 경기를 시작한다. 수탉놀이는 위험할 수 있으므로 반드시 성인의 감독하에 진행되어야 하며, 맞붙는 상대가 힘 차이가 크지 않은 비슷한 힘을 소유한 사람이 되도록 해야 한다.

놀이는 대체로 두 가지 방법으로 진행된다. 첫 번째는 두 패로 나뉘어 모든 아이들이 한 번씩 상대와 겨루는 방법이다. 아이들은 자기 패의 주장을 정하고, 두 패가 원 근처에서 서로를 마주 보고 선다. 놀이가 시작되면 주장은 자기 패에서 한 명씩 선수를 골라 내보내고, 경기에서 이긴 아이가 속한 패가 1점씩 얻는다. 놀이가 끝나면 주장들이 선택한 다음 ‘수탉’들이 원 안으로 들어가 경기한다. 모든 아이가 수탉 역할을 돌아가면서 할 때까지 놀이는 계속되며, 가장 많은 점수를 얻은 패가 놀이에서 이긴다.

두 번째는 패를 나누지 않고 아이들이 마음대로 나와서 겨루는 방식이다. 놀이에서 이긴 아이는 계속 원 안에 남아있고, 자신과 겨루기를 원하는 상대와 계속해서 경기를 펼친다. 많은 상대를 이긴 아이가 놀이에서 최종 승리한다. 이밖에도 놀이 참여자가 많을 때는 네 패를 구성하여 두 개의 원에서 놀이를 진행하기도 한다.

수탉놀이는 근력과 순발력, 민첩성 등 신체적 능력을 발달시킴과 동시에 아이들의 책임감 형성에도 긍정적인 영향을 준다. 주장을 맡은 아이는 놀이를 통해 자기 자신과 친구들의 힘을 올바르게 평가하고, 상대에 대항하는 전략을 세워 팀의 전력을 위해 자기 패 구성원들의 힘을 적절하게 안배할 줄 아는 능력을 개발할 수 있다.[55]

전통 유희는 한 국가 또는 한 민족의 정신적이자 물질적인 유산으로, 고대부터 영위해온 전통과 관습, 생활 양식 및 문화를 폭넓게 이해할 수 있는 바탕이다. 우즈베키스탄의 전통 유희 또한 이 지역에 거주해온 부족 및 민족적 특성을 기반으로 형성되어 오랜 역사를 통해 완성되었으나, 안타깝게도 소련 시기에 이르러 그 의미와 가치와 부정당하면서 사람들 사이에서 점점 잊혀지게 되었다. 그러나 독립 이후 민족적 가치가 새롭게 부활하면서 전통 유희 또한 국가 차원에서 복원하고 대중화시키기 위한 다양한 노력이 전개되고 있고, 특히 어린이들의 성장 과정에서 전통 유희가 미치는 긍정적인 영향이 새롭게 재평가되고 있다. 그럼에도 불구하고 이와 관련된 학술연구가 아직까지 활발하게 이뤄지지 않아 다른 CIS 국가에 비해 우즈베키스탄에는 전통 유희 관련 자료가 매우 부족한 실정이다.

그러나 사회의 고유한 전통문화를 지켜내기 위해 정부 차원에서 지속적으로 다양한 정책이 제안 및 실현되고 있고, 민간 차원에서도 이와 관련된 행사를 꾸준히 조직해오고 있으므로 가까운 미래에 우즈베키스탄에서도 잊혀진 많은 전통 유희들이 복원될 것으로 보이며, 이를 통해 과거와 미래를 잇는 생명력을 지닌 진정한 전통문화로 정착되어 미래 세대의 교육을 위한 또 다른 발전을 시작하는 계기가 되길 기대한다.

---

55) https://mpe.uz/post-detail/posts/didactic-materials/2242 (2022.10.17.검색).

📖 인용·참고문헌

우즈베키스탄의 전통 신체문화 가운데 가장 많은 연구가 된 것은 특히 전통무예와 관련하여 쿠레쉬(전통씨름)과 관련된 분야들이다.

중앙아시아는, 예로부터 '튀르키스탄'(튀르크의 토지)의 이름으로 아프가니스탄, 파키스탄, 인도, 북쪽에 러시아와, 그야말로 '문명의 네거리' 라는 별칭처럼, 다양한 출신과 언어, 문화를 가진 사람들이 역사적으로 왕래를 반복해 왔던 지역이다. 이 서부지역에 해당되는 서 튀르키스탄은, 1917년의 러시아 혁명에 의해 소련체제에 편입된 이후 1924년의 민족별국경획정으로 소련을 구성하는 5개의 사회주의공화국으로써 근대국가의 틀을 잡게하였다. 후자(민족별국경획정)은 다시 중앙아시아사에 있어서 '제2의 혁명'이라고도 불린다. 왜냐하면, 이로 인해 '민족'의 자격이 주어지거나 혹은 별칭이 주어져 그전까지의 튀르키스탄이나 브하라, 카자흐초원등과 같은 역사적인 지리개념에 기초한 구분을 대신하여, 중앙아시아 사상 처음으로 이 땅에 민족별로 정치, 행정구분이 이루어졌기 때문이다. 이 시기에 결정된 국경선과 각각의 기간민족명을 붙힌 나라명을 원형으로써, 1991년의 소련해체를 계기로 독립한 것이 우즈베키스탄, 카자흐스탄 키르기스스탄 (혹은 기루기스탄), 타지키스탄 튀르크메니스탄의 구소련 및 모든 중앙아시아의 나라들이다. 본고는 이 중 인구가 많은 우즈베키스탄 공화국을 대상으로써, 거기서의 기간민족인 우즈벡인에게 고유하다고 여겨지는 민족격투기 '쿠라시'(kurash)의 역사와 현재를 소개하는 것이다.

우즈베키스탄에서 전통유희 스포츠로써, 쿠라시를 다루고자한다. 쿠라시란, 전통의상 '퉁', 혹은 '야흐탁'이라고 불리는 유도복과 매우 닮은 조끼와 신발을 착용하고 허리에 띠를 매고, 던지는 기술 만으로 승패를 정하는 잡고 겨루는 민족격투기이다. '쿠라시'라는 말은 본래 '격투기'(싸움, 투쟁 등)를 의미하는 것으로, 그곳에는 유도나 레슬링 삼보 등도 포함된다. 그 때문에 민족격투기로써의 쿠라시는 '우즈벡쿠라시' 등 다른 것과 구별하여 표현되는 경우도 있다. 쿠라시는 독립후의 우즈베키스탄에서 정식으로 '민족적 스포츠 유희' (혹은 종목)으로 불린다.

이외에도 전통무용, 놀이 등과 관련된 우즈베키스탄 현지 연구 자료들은 다음과 같다.

Mahsumov S. Milliy o'yinlar – tarbiya vositasi. "Ma'rifat" gazetasi (2). 2007.

Normurodov A.N. O'zbek milliy o'yinlari. Toshkent. 1999.

Qoraboev U. O'zbek xalq o'yinlari. Toshkent: San'at nashriyoti. 2001.

Radjapov Usmonbay, Miraxmedov Fatxulla. "Umumta'lim taktablarida milliy harakatli o'yinlarning ijtimoiy–pedagogik asoslari." Xalq ta'limi (1), pp. 70–73. 2018.

Rahimqulov Karimjon, Milliy harakatli o'yinlar. Toshkent: Tafakkur–Bo'stoni. 2012.

Usmanxodjayev T.S., Pulatov L.L., Tajibayev S.S., Pulatov F.A. Sport va harakatli o'yinlar. Tashkent: Cho'lpon nomidagi nashriyot–matbaa ijodiy uyi. 2018.

Usmanxodjayev, T.S., Isroilov, Sh.X., Pulatov, A.A., Pulatov, Sh.A. Milliy va Harakatli O'yinlar. Toshkent: Iqsod–moliya. 2015.

Usmonxo'jayev T., Toirova M., Sagdiyev X., Sharipov T.. Kichkintoylarga 200 ta harakatli o'yinlar. Toshkent: Yangi asr avlodi. 2009.

Usmonxo'jayev T.S., Meliyev X. Milliy harakatli o'yinlar. Toshkent. 2000.

Usmonxo'jayev T.S., Xojayev F. Harakatli o'yinlar. Toshkent. 1992.

Usmonxo'jayev T.S., Xojayev F. 1001 o'yin. Toshkent. 1990.

Xojayev F., Raximqulov K.D., Nigmanov B.B. Sport va harakatli o'yinlar va o'qitish metodikasi. Elektron versiya. 2008.

Yo'ldosheva R. O'zbek xalq o'yinlarining tarbiyaviy ahamiyati. Toskent. 1992.

Абдуллаев А.А. "Миллий халқ ўйинлари ва соғлом авлод тарбияси" *Замонавий таълим* (9), pp. 66–70. 2017.

Гулжаҳон Мардонова. Ўзбек миллий ўйинлари. Тошкент: Bookmany Print. 2002.

Йўлдошев С. "Халқ ўйинлари – маънавий тафаккур омили." *Scientific journal of the Fergana State University* 1(9), pp. 70–73. 2018.

Йўлдошев С.В. "Фарғона водийси аҳолисининг халқ ўйинлари." Ph. D. Дисс., Фарғона Давлат Университети. 2019.

Йўлдошев С.В. "От билан боғлиқ ўйинлар тарихидан." *Мирзо Улуғбек номидаги Ўзбекистон Миллий Университети Илмий Журанли* (1/5), pp.

63－66. 2017.
Курбанова М.А. 500 машқ ва ҳаракатли ўйинлар. II қисм. Тошкент. 1999.
Насриддинов Ф.Н. Ўзбек халқ миллий ўйинлари. Тошкент. 1993.
Расулев А.Т., Пулатов А.А., Қосимова М.У. Ўзбек халқ ўйинлари уларнинг т аснифи ва тавсифи (Ўқув қўлланма). Тошкент. 1996.
Табинбаев А., Казаков Б. *Ўзбек халк миллий ўйинларининг ривожланиши, ёшларни тарбиялашдаги аҳамияти, педагогик таърифи ва мактаб прог раммасидаги ўрни.* Нукус. 2015.
Усмонхўжаев Т.С., Қосимова М.У. 500 машқ ва ҳаракатли ўйинлар. Тошкент. 1999.

관련 인터넷 자료들은 다음과 같다.

https://islamdag.ru/sites/img/stati/2010/3kv/nardi_b.jpg
https://mixcoin.ru/uz/strategii/pyat－kamnei－sredi－igr－6－bukv－skanvord/
https://bugun.uz/2021/06/15/lanka－federatsiyasi－qarabtep－lanka－yini－tarixini－bila mizmi/
https://kun.uz/news/2022/05/27/polvonlik－va－dorbozlik－yonalishida－orta－bogin－kadrlarini－tayyorlash－yolga－qoyiladi
https://uzhurriyat.uz/2015/12/12/milliy－dorbozlik－san－ati－istiqboli/
https://uzhurriyat.uz/2021/03/31/boshga－loyiq－duppi－yuqmi－yo/
https://kun.uz/uz/news/2017/02/15/masur－toskenboevlar－sulolasiga－150－jil－tuldi
http://ich.uz/uz/ich－of－uzbekistan/national－list/domain－2/345－dorbozlik
https://kun.uz/news/2022/05/27/polvonlik－va－dorbozlik－yonalishida－orta－bogin－kadrlarini－tayyorlash－yolga－qoyiladi
https://andijonvxtb.uz/files/5_ta_muxim_tashabbus/Ikkinchi_tashabbus/upfile/b55acd3ab30bb5ec3abbbc86e9521e11.jpg.htm?order＝order
https://telegra.ph/yx－03－14－2
https://uz.denemetr.com/docs/769/index－327457－1.html?page＝11
https://teletype.in/@qashqadaryosport/B1yx21EP4
https://mpe.uz/post－detail/posts/didactic－materials/2241
https://olamsport.com/uz/news/67502
https://olamsport.com/uz/news/qarabtep－yoki－xalq－tilida－lanka－deb－yuritiluvchi

-oyin-haqida-nimalarni-bilamiz
https://soglom.uz/archives/7227
http://qashqadaryogz.uz/read/bolalar-jinlaridagi-mo-iyat
https://mpe.uz/post-detail/posts/didactic-materials/2241
https://www.fencing.uz/ru/page/2191/qarabtep-yoki-xalq-tilida-lanka-deb-yuritiluvchi-oyin-haqida-nimalarni-bilamiz
http://bahordance.ru/karnay-surnay-doyra.html
http://m.xabar.uz/uz/madaniyat/baxshichilik-sanati-umuminsoniy-qadriyat
https://m.kun.uz/uz/news/2019/03/20/foto-qashqadaryoda-xalqaro-kopkari-va-milliy-oyinlar-musobaqalari-otkazildi
https://kun.uz/news/2022/03/20/otma-tayoq-girboydi-dim-dim-yoqolib-borayotgan-xalq-oyinlaridan-qaysilarini-bilasiz
https://mpe.uz/post-detail/posts/didactic-materials/2242
https://kun.uz/20736996
https://soglom.uz/archives/7227

출판연도	저자	저서명/논문명	출판사/학회지
2016	이석례	우즈베키스탄 800일	연인M&B
2016	Yokubov Jakhongir	한국과 우즈베키스탄의 문화 비교 연구	중부대학교 인문산업대학원 석사학위논문
2015	김성기	실크로드의 중심지 우즈베키스탄	명성서점
2012	정구철	중앙아시아 유목민족과 고대 제주 지역에서 행해졌던 馬上 스포츠의 유사성에 대한 소고	한국체육사학회지
2009	강정원 외 3인	세계의 말문화 : 몽골 · 중앙아시아	한국마사회 마사박물관
2015	Judith Peltz 외 1인	Usbekistan: Entlang der Seidenstraße nach Samarkand, Buchara und Chiwa	Trescher Verlag
2015	Махмудов Y. Б.	Kurash-Uzbek National Wrestling Sport	Молодой ученый
2008	Jo'rayev M	O'zbek mavsumiy marosim folklori	Fan
2008	Safarova N	O'zbek bolalar o'yin folklori tabiati	Fan
2007	Нурислам Тухлиев 외 1인	The Republic of Uzbekistan: encyclopedic reference : country and people, administrative division, history, the state structure, economy, education, science, health care, public life, culture	O'zbekiston milliy ensiklopediasi
2007	Okhunzhon Safarov 외 2인	O'zbekiston xalqlari etnografiyasi va folklori: kasb-hunar kollejlarining madaniyat va san'at yo'nalishida ta'lim oluvchi talabalar uchun darslik	O'qituvchi nashriyot-matbaa ijodiy uyi
1998	Galiyev Sh	0 'zbek bolalar o 'yin folklori	Fan
1998	Sulaymonova F.	Sharq va G'arb. Toshkent: Fan, 1994, 1998; Inson borliqning gultoji, sharafi	Sog'lom avlod uchun
1992	Наджимов Г.Н.	Народные традиции и культура	збекистон

📖 우즈베키스탄 전통유희 영상자료 목록

유희 이름	영상 링크
도르보즐릭 Dorbozlik	https://youtu.be/sSYtXJhAYY8 https://youtu.be/S-mldsKJ1eM https://youtu.be/0ihXG_Iniig https://youtu.be/UT_Zp-DzV84 https://youtu.be/9hlzB0DG7cl https://youtu.be/3AGNdATaDU4 https://youtu.be/nC3F4oloEG0 https://youtu.be/PcfCSIW9vcQ https://youtu.be/bpDmUXPtjUo https://youtu.be/A3oKYvgZCkA
두라 Durra	https://youtu.be/xYL3oXBeOTQ https://youtu.be/0HXPqDITiPs
베쉬 토쉬 Besh tosh	https://youtu.be/u2ku9aLBrOw https://youtu.be/oRYEoiPLuqU
보쉬 오른 Bo'sh o'rin	https://youtu.be/h5IFftZXq6Q
에샥 민드 Eshak mindi	https://mover.uz/watch/pTxxTNDm https://youtu.be/Bt0XzWTExWU https://youtube.com/shorts/MrtcPyisb2c?feature=share
옐카다 쿠라쉬시 Yelkada kurashish	ttps://youtube.com/shorts/e7Yyfrw43v4?feature=share
오크 테락므, 콕 테락 Oq terakmi, ko'k terak	https://youtu.be/7AqPWjepnkM https://youtu.be/YcWQwvnSAGg https://youtu.be/9nXDfyjGP5U https://youtu.be/zW_F3UqW3lY https://youtu.be/oRYEoiPLuqU
차반도즈/ 콥카리 Chavandoz/ Ko'pakari	https://youtu.be/_9ERWm4G2Gg https://youtu.be/x4A-6ExqRrl https://youtu.be/zfPtvStv3DU https://youtu.be/KT9Ut_mnXrg https://youtu.be/vSvyLgYs6BU
칠락 Chillak	https://youtu.be/Q2DZUvlI2s0 https://youtu.be/BkugfhbCJF8
카랍텝 Qarabtep	https://youtube.com/shorts/FCQjSWfdEwQ?feature=share https://youtu.be/dBuZcxn0VBs
코일라르 장기 Qo'ylar jangi	https://youtu.be/qOJk29VnIHY https://youtube.com/shorts/vDHf2uvd2HU?feature=share
코즈보일로그치 Ko'zboylog'ich	https://youtu.be/idCQnLbEfp8
크르크 토쉬 Qirq tosh	https://youtu.be/cji6Qq-vqB0
토르트쉬마초크	https://youtu.be/r7YdPLXa4zl

유희 이름	영상 링크
Tortishmachoq	https://youtu.be/HVETebpWSXk https://youtu.be/ikXdfQjUthM https://youtu.be/XI3G5UR-_EM
호로즐라르 장기 Xo'rozlar jangi	https://youtube.com/shorts/3YkwRrYVWkM?feature=share

저자소개

김태영(한국외국어대학교 한국글로벌스포츠건강문화센터 소장)
황의룡(한국외국어대학교 한국글로벌스포츠건강문화센터 책임연구원)
김태양(영산대학교 전통무예진흥연구소)
이명희(공주대학교 역사교육과)
박귀순(영산대학교 동양무예학과)
원유미(대원대학교 운동재활학과)
이택균(한국외국어대학교 미네르바교양대학)
박효주(경희대학교 태권도학과)
임종범(평택대학교 IT공과대학)
김상철(한국외국어대학교 중앙아시아연구소)
윤시내(한국외국어대학교 중앙아시아연구소)
오상호(한국외국어대학교 중앙아시아연구소)
김재민(한국외국어대학교 중앙아시아연구소)
신규섭(한국외국어대학교 페르시아어 · 이란학과)
신양섭(한국외국어대학교 페르시아어 · 이란학과)

실크로드 신체문화교류사
총서 7(우즈베키스탄): 전통무예, 무용, 유희

초판발행 2025년 8월 30일

지은이 김태영 · 황의룡 · 김태양 외
펴낸이 안종만 · 안상준

편 집 김혜림
기획/마케팅 박부하
표지디자인 이영경
제 작 고철민 · 김원표

펴낸곳 (주) 박영사
서울특별시 금천구 가산디지털2로 53, 210호(가산동, 한라시그마밸리)
등록 1959. 3. 11. 제300-1959-1호(倫)
전 화 02)733-6771
f a x 02)736-4818
e-mail pys@pybook.co.kr
homepage www.pybook.co.kr
ISBN 979-11-303-2319-0 93910

정 가 18,000원